アップの手ほどき BASIC UP　谷口愛子

Contents

BASIC UPの歩きかた

1回目はよく全体をながめましょう。そして解説を読みながら写真を追いましょう。それからブラシを持って髪に触れ、イメージを全開にして練習してください。一度でできてしまうようなスタイルでは、プロ仕様のベーシックとは呼べません。高いハードルを越えると、手ごたえのあるテクニックが身についているはずです。

1 warming up
準備運動

アップに必要な基本のすべて。一通り練習して、完璧にならなくても次のステップに進みましょう。実際にスタイルに取り組んでみてはじめて、つかまえたいツボが発見できます。

- ブラシワークの基本　　p06
- コームワークの基本　　p08
- 逆毛の立て方　　p09
- 逆毛の落とし方　　p10
- すき毛の作り方　　p11
- 三つ編みの基本　　p12
- シニヨンの基本　　p13
- ホットカーラー　　p14
- ピンワークの基本　　p15
- 骨格のポイント　　p16
- 一束に結ぶ　　p18
- 三つ編みの土台　　p22
- ベースの夜会　　p24

2 step-up
練習問題

おもに面で構成するスタイルから。ここにはあらゆるアップの大切な要素が詰まっています。まずやってみる。できないところは準備運動からもう一度。

- 定番ポンパドール　Style 1　p32
- やわらかいうねり　Style 2　p38
- 上昇するライン　Style 3　p44
- より高いうねり　Style 4　p50
- フォルムをゆるめる　Style 5　p54
- 表面を散らす　Style 6　p58

S字と扇
動きと考え方　　p74/75

model
モデルに応用する　　p64

3 *brush up*
応用問題

練習問題からの発展で、量感の移動や質感のバリエーションでデザインの幅を広げます。ここを通過してからstep upへもどると、フォルムの大切さがいっそうよくわかるはず。

- 高さのある奥行き　*Style 7*　*p78*
- 低めの奥行き　*Style 8*　*p82*
- ロールをひねって　*Style 9*　*p84*
- シニヨンを広げる　*Style 10*　*p88*
- ひねってひきだす　*Style 11*　*p92*
- 上昇するウエーブ　*Style 12*　*p96*
- 広がるウエーブ　*Style 13*　*p100*

高さのある土台
p76

column
メトロノーム　*p17*
デザイン画　*p30*
左手の感受性　*p62*

index
つながりと索引　*p102/103*

奥付
p104

自然に手になじみ、髪をしっかりとらえて

手の延長の道具だから、髪をしっかりとらえる機能と、手になじむ形の両方にこだわりたいもの。
brush

1 warming up
準備運動

アップに必要な基本のすべて。一通り練習して、完璧にならなくても次のステップに進みましょう。実際にスタイルに取り組んでみてはじめて、つかまえたいツボが発見できます。

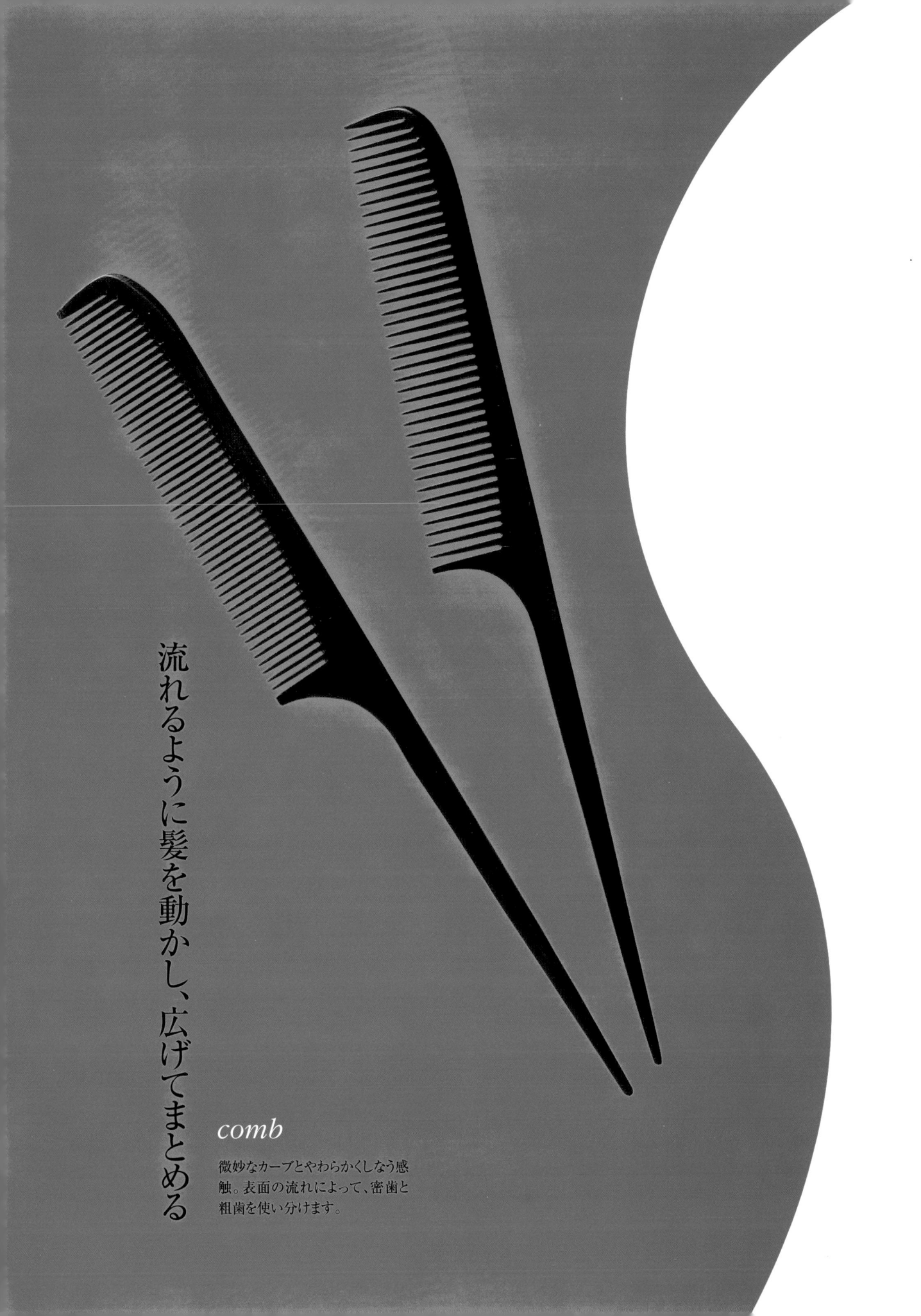

流れるように髪を動かし、広げてまとめる

comb

微妙なカーブとやわらかくしなう感触。表面の流れによって、密歯と粗歯を使い分けます。

ブラシワークの基本

アップに最も多く使用する道具。力の配分のしやすい基本動作で毛流れに大きな違いが出ます。確実に身につけ、自己流のクセがついていたら、直しましょう。

1 水平に持つ

1　左手で下からブラシの中ほどを持ち、目の高さで水平にします。

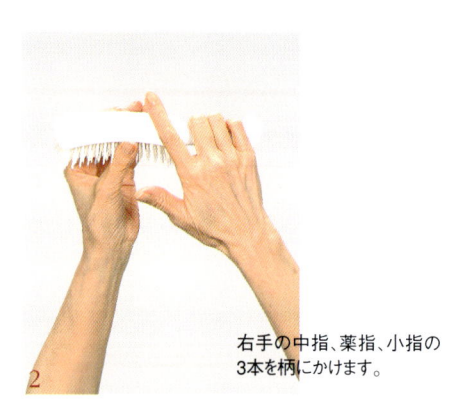

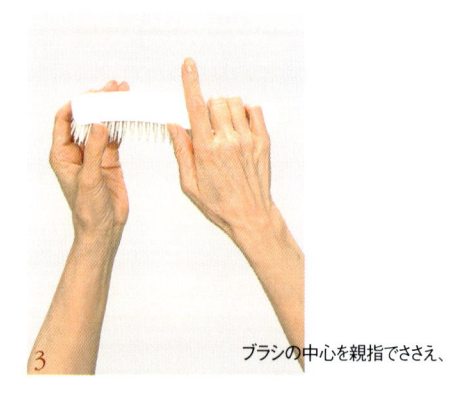

2　右手の中指、薬指、小指の3本を柄にかけます。

3　ブラシの中心を親指でささえ、

4　上から人差し指を添えて水平を安定させ、左手をはずします。力は使わず、手首の回転で動かします。水平がぶれないように練習しましょう。

2 動きの練習

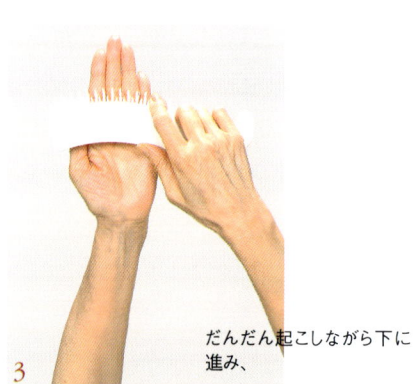

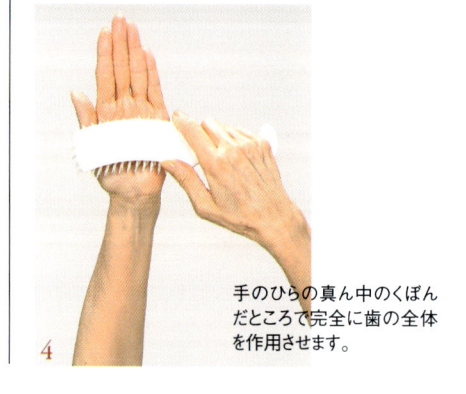

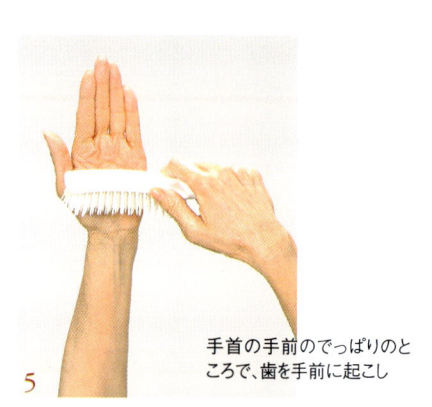

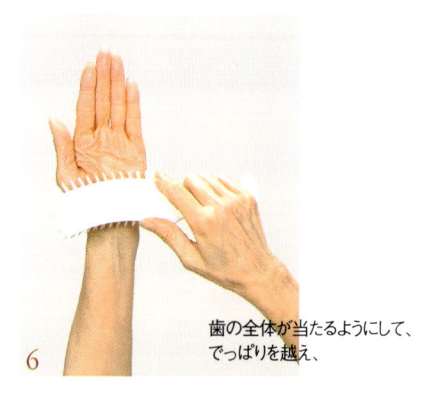

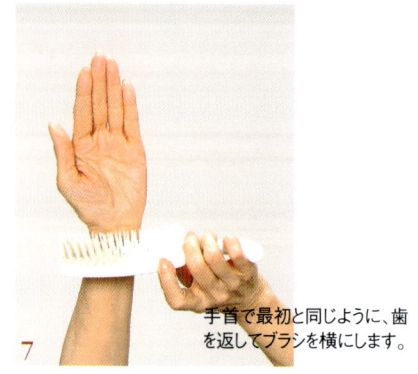

手のひらの凹凸でブラシの動きを練習します。ブラシは水平をキープしたまま、手首を返して、歯を当てる位置を変えていきます。

1　指先が見えない位置に、ブラシの歯を横にしてスタートします。

2　第2関節の位置で、ブラシを起こし始め

3　だんだん起こしながら下に進み、

4　手のひらの真ん中のくぼんだところで完全に歯の全体を作用させます。

5　手首の手前のでっぱりのところで、歯を手前に起こし

6　歯の全体が当たるようにして、でっぱりを越え、

7　手首で最初と同じように、歯を返してブラシを横にします。

3 髪に入れてみよう

基本通りのブラシワークになっていれば、一番下の写真のように髪に曲線の流れがつきます。このブラシワークは、アップスタイルに限らず、すべてのサロンワークに有効です。

左サイドから

ブラシを横にしてから入れ始め、歯全体を使ってS字を描くように、毛流れをセンターに持っていき、ブラシの柄を下に縦に、毛先の先まで抜いていきます。

ブラシの動きをおぼえたら、左手を添えて練習をしましょう。

センターに

手のひらで練習したように、ブラシの横のふちから入れ始め、だんだん歯全体を使って、最後はふちで終わります。

右サイドから

ブラシを横にしてから入れ始め、歯全体を使ってS字を描くように、毛流れをセンターに持っていき、ブラシの柄を上に縦に、毛先の先まで抜いていきます。

ブラシの動きをおぼえたら、左手を添えて練習をしましょう。

007

コームワークの基本

コームは柄が細いので、左右の真ん中を持つと、歯のほうが重いため下がりやすくなります。水平が大切なのでバランスの取りやすい位置で持ちましょう。

1 水平に持つ

1　左手でコームの先を持って、目の高さで水平にします。

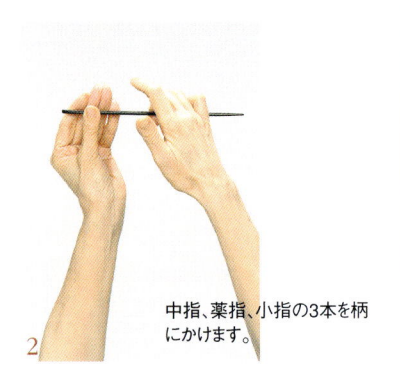

2　中指、薬指、小指の3本を柄にかけます。

3　コームの背に親指を当て、

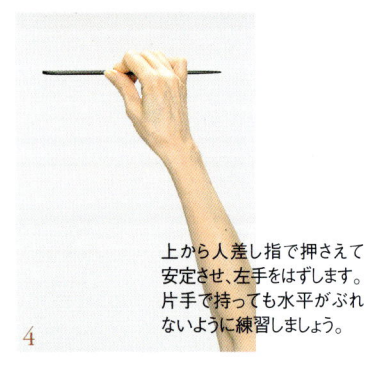

4　上から人差し指で押さえて安定させ、左手をはずします。片手で持っても水平がぶれないように練習しましょう。

2 動きの練習

手のひらで逆毛の動きを練習します。目の高さにあわせて手のひらをまっすぐに伸ばし、どの高さでもコームの歯が見えないことがポイントです。

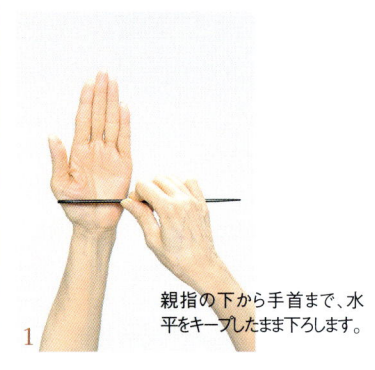

1　親指の下から手首まで、水平をキープしたまま下ろします。

2　親指の付け根から手首まで、水平をキープしたまま下ろします。

3　4本の指の付け根から手首まで、水平をキープしたまま下ろします。

4　指先から手首まで、水平をキープしたまま下ろします。距離が長くなると、左右どちらかが下がったり、歯が寝てしまったりしがちです。正確に動かせるようになったら、だんだん速度を上げていきましょう。

3 髪に入れてみよう

基本的にブラシと同じ動作です。ブラシの練習では、先にブラシの動きをおぼえてから左手を添えて練習しましたが、コームでは、始めから左手を添えていきましょう。コームを寝かせて入れ始め、コームの後を追いかけるように左手を添えながら進み、毛先へ抜いていきます。ブラシワークの動作を参考に、右サイドから、左サイドからも練習しましょう。

008

逆毛の立て方

1 毛束をはさむ指

毛束をコームの歯でしっかり持ち上げ、

1

中間を人差し指と中指ではさみます。

2

テンションをかけて毛先の方へ指をずらしながら、

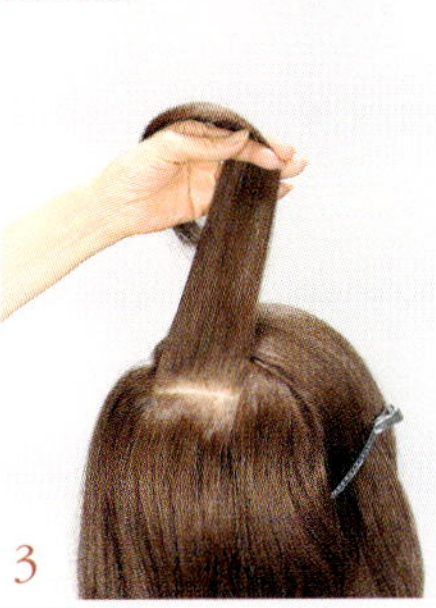

3

毛束を引き上げます。

4

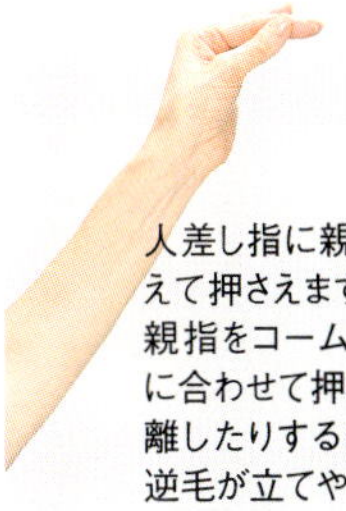

人差し指に親指を添えて押さえます。この親指をコームの動きに合わせて押さえたり離したりすることで、逆毛が立てやすくなります。

5

毛束に対してコームを垂直に入れ、

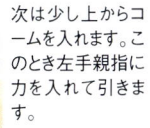

6

根元までしっかり下げます。このとき左手をささえる親指をゆるめます。コームは水平で、歯が見えることはありません。

7

次は少し上からコームを入れます。このとき左手親指に力を入れて引きます。

8

左手の親指をすこしゆるめて、根元までしっかり入れます。

9

毛先までくり返します。一定のテンションとリズムが身につくように練習しましょう。

10

右サイドを入れるときのコームの状態です。からだの位置は右です。

11

左サイドは左に移動して入れます。左右対称に立てられるように練習しましょう。

12

ネープをたてるときは腰を落として、コームは下から上への動きになります。このときも水平で、コームの歯は見えません。

13

14

009

逆毛の落とし方

逆毛の重ね方

根元に浮きがほしいときは立てた逆毛の表面だけ取りながら重ねます。ポイントは、放射状に下ろしていくこと。まるいふくらみのためです。

1. 畳の目のように一定の間隔で、毛先まで立てた逆毛です。
2. ブラシの角を使って、逆毛を重ねていきます。 
3. 毛束の右側は、ブラシの左上の角で、右側に引きます。 
4. 中間の毛は、ブラシの中間で下へ引きます。 
5. 左側は、ブラシの右上の角で左へ引きます。 
6. 重なった毛束の表面だけを、歯を浅く入れて整え、ブラシは縦に抜きます。 

逆毛の落とし方

きれいに正確に入れた逆毛は、たやすく落とすことができて、落としたとき、きれいな流れになります。ブラシの角で表面から少しずつ引いて放射状に落としてから、ブラッシングします。逆毛の練習後、落としてみると、正確な逆毛ができたかどうかがわかります。

すき毛の作り方

すき毛にはやわらかく伸びる方向と硬くて伸びにくい方向があります。この［目］の特徴を利用して、目的に応じたすき毛を作ります。

やわらかいすき毛

薄く土台に重ねたり、土台の表面を整えるために使います。

1薄く広げて、2・3左右、上下に伸ばしてみて4伸びやすい方向から5・6たたんでいきます。7持ちかえて硬い方向の端から8折り、9引き出して10重ねて形を整え、11厚みを調整して出来上がりです。

硬いすき毛

ロールやシニヨンなど、すき毛の形そのものがシルエットになる場合に使います。

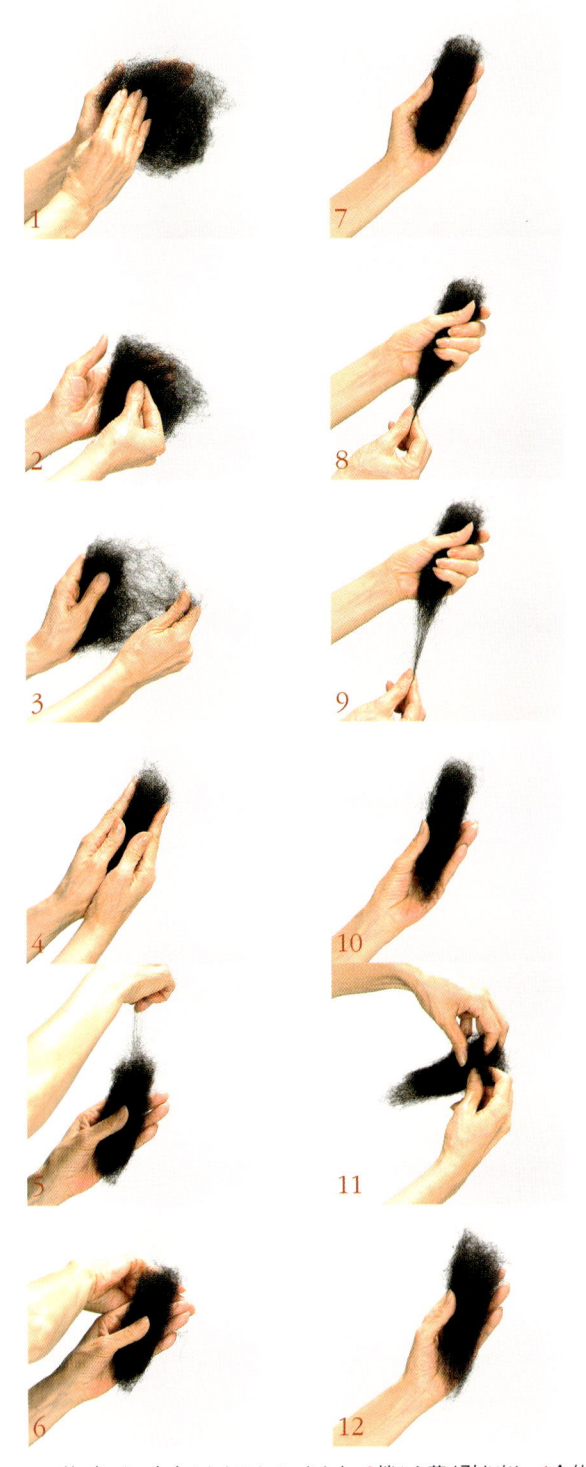

1・2伸びにくい方向からまるめていきます。3端から薄く引き出し、4全体の表面に巻きつけ、形を整えます。5縦にして、端から薄く引き出し、6裏へ重ねて始末します。7ロールのすき毛の基本形です。8・9さらに下から細く引き出し10下を細めにします。11上を広げて、逆三角形を作ります。

011

三つ編みの基本

髪の毛の、表の目だけが表面に出るように編みます。ポイントは毛束を引く手の手首の角度。自分から手の甲が見えると、髪は裏返ってしまいます。

1　親指を手前に中指を一番奥にして、左手で2本の毛束をはさみ、右手で右側の毛束を持ちます。

2　右手の毛束を左へ寄せます。このとき、手首を返さないこと。

3　左手の毛束に重ねて左手で持ちます。

4　右手親指と人差し指で2本の毛束をしっかりはさみ、左手で左側の毛束を右の2本の上に重ね、右手の薬指と小指にはさみます。

5　左手に持ちかえて、真ん中の毛束を左に引いて重ね、左手薬指と小指ではさみます。

6　左手の毛束に重ねて、左手で持ちます。

7　右手に持ちかえて、親指と人差し指でしっかりはさみ、左の毛束を右へ。

8　左手に持ちかえて

9　右の毛束を左へ。

10・11　表面に表の目だけが出た三つ編みです。

NG　髪を引くとき、手の甲が見えていると、裏の目が出てきます。

12・13　三つ編みから毛束を左右に引き出すと、表の目が揃っているので、扇のように広がって安定します。

NG　裏の目が出ている三つ編みから毛束を引き出すと、ただゆるむだけで広がりも安定もありません。

シニヨンの基本

三つ編みの引き出しとも共通することですが、シニヨンをきれいに広げるポイントは、広げる前の下ごしらえにあります。ブラッシングとコーミングで毛流れを整え、中心にしっかり結ぶ基本が大切です。

1 すべて表の目が出るように毛流れを整えて、結び目が裏になるように結びます。

2 ゴムの真ん中で、目の表と裏が分かれます。ゴムの半分の位置を指ではさみ、

3 そのまま、毛束のふちをまっすぐ引き上げると、表の目だけが表面に出てきます。

4 そろえた目を、左手の指にはさんでキープしたまま、右手の人差し指と中指で毛束をはさんで折り返し、

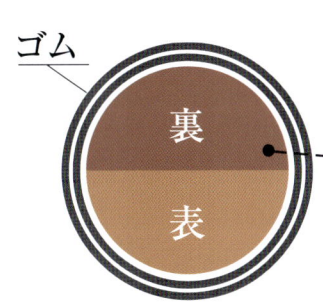

ゴム / 裏 / 表

ゴムの結び目を拡大してみます。結ばれた毛束の中心から半分で表と裏に分かれます。

5 毛先を根元に持っていって、左手にもちかえ、

6 ピンでとめます。

7 左右の端から両手の親指を差し入れ、広げます。

NG

毛束の右端に裏の毛を出しています。そのあとの工程は同じにして仕上がりを比較します。

←裏の毛

裏の毛は広がらない→

右端に広がらない部分ができています。これが、裏の毛です。

8 ちゃんと表の目にそろっていれば、結び目を要に、扇のようにきれいに広がります。

ホットカーラー

もっとも応用範囲の広い7:3流しのノーパート。巻かれた毛束の表面はもちろん、カーラーに接している裏側が大切です。地肌のスライス線を見ながら、収まる位置をイメージして巻きます。

スライス線はジグザグにとる。

1本目は表面にあとがつかないように、ピンは裏から。

1本の巻き方

クラウンはボリュームがほしいのでステムは真上に引き上げて。

ステムはだんだん下げていく。

カーラーの配置は、放射状。

ヘムラインの2段はステムを下げて外巻き。

サイドのヘムラインは縦スライスで。

1 毛束を裏側からよくシェープします。2 毛束の中間にカーラーを当て、3・4 毛先までテンションをかけてずらし、左手に持ちかえます。5 毛先をしっかり入れて、根元まで巻き込みます。このとき、毛先ではなく、おさめる目標=根元のスライス線を見ながら巻きます。

ピンワークの基本

ピンの持ち方

手首を要として左右にも上下にも、自由に動かせるように練習しましょう。アメリカピン、スモールピンの両端には、はさむ作用がありません。オニピン、ネジピンは、すぐはずすことができるので便利です。ピンの有効範囲を活用しましょう。

ピン先を広げて、親指と人差し指ではさみ、中指でささえます。

オニピン、ネジピンは人差し指で押す。

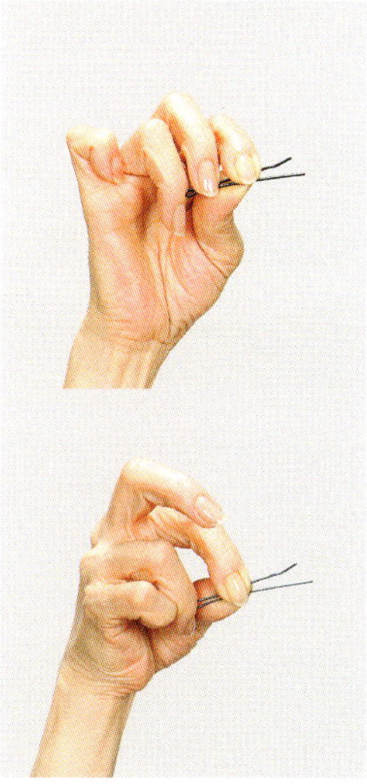

ピンで毛束をはさんだら、薬指で押す。

ピンの打ち方

ピン先が絶対に地肌に向かわないということが、一番大切です。

1. すき毛の右上端をオニピンの先で、手前にすくって、 
2. 手首を返してピンの向きを変えて、すき毛に差し 
3. 地肌に向かわないように、ピン先を起こして 
4. 人差し指で押して、深く差し込みます。 
5. 左側は、すき毛の端をピンの先で、手首を返してすくって、 
6. ピンの向きを手前に変えて、すき毛に差し 
7. 地肌に向かわないように、ピン先を起こして 
8. 人差し指で押して、深く差し込みます。

左手の役割

ピンは右手で打ちますが、左手は必ずピンを打つ場所をあけて迎え入れます。ピンを押すと同時に左手もピンの先によっていく感じです。

骨格のポイント

デザインの起点が、ブロッキングの起点です。分ける、集めるときのポイントとなる点をおぼえましょう。ここで示したポイントを目安に、頭をのまるみを両手でとらえて確認してください。

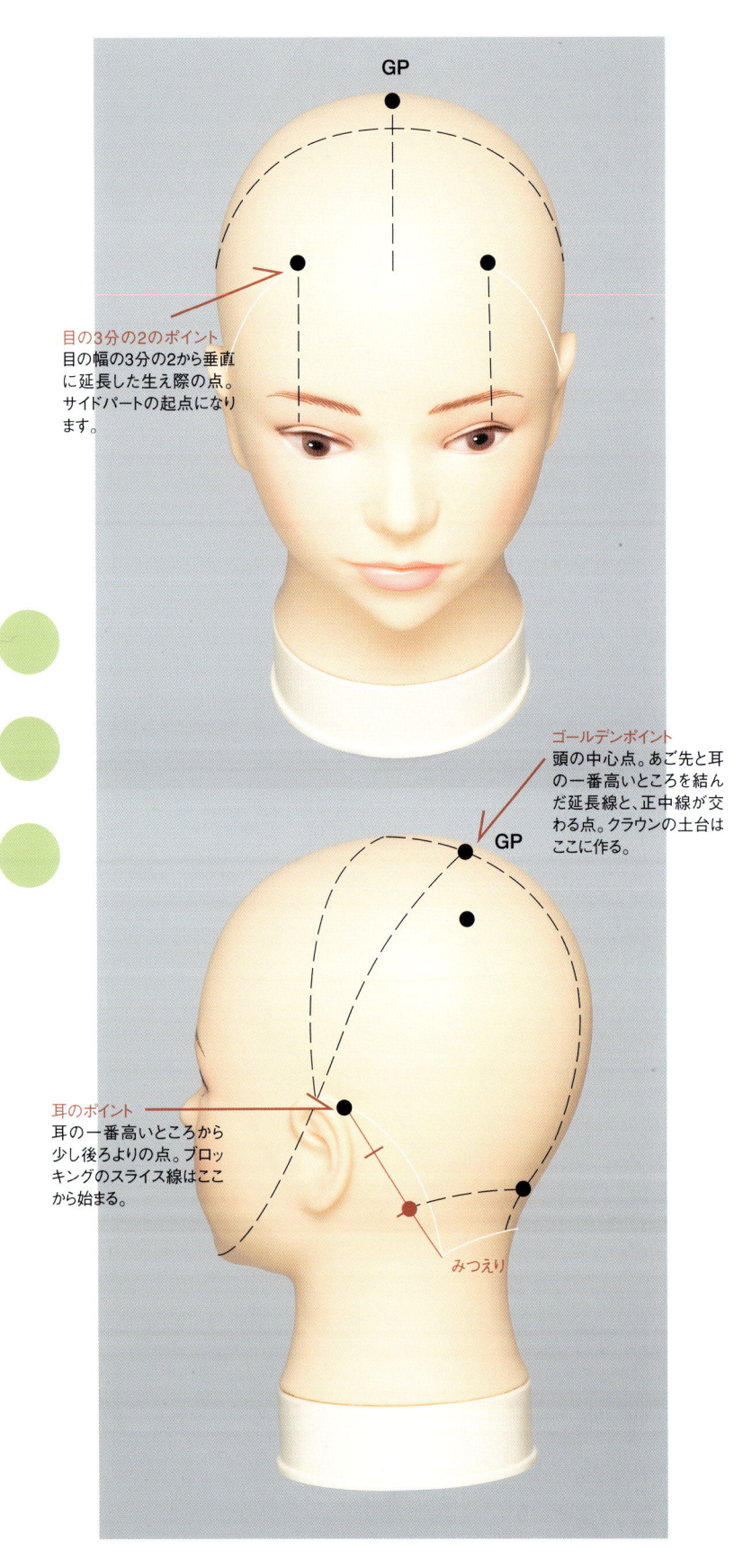

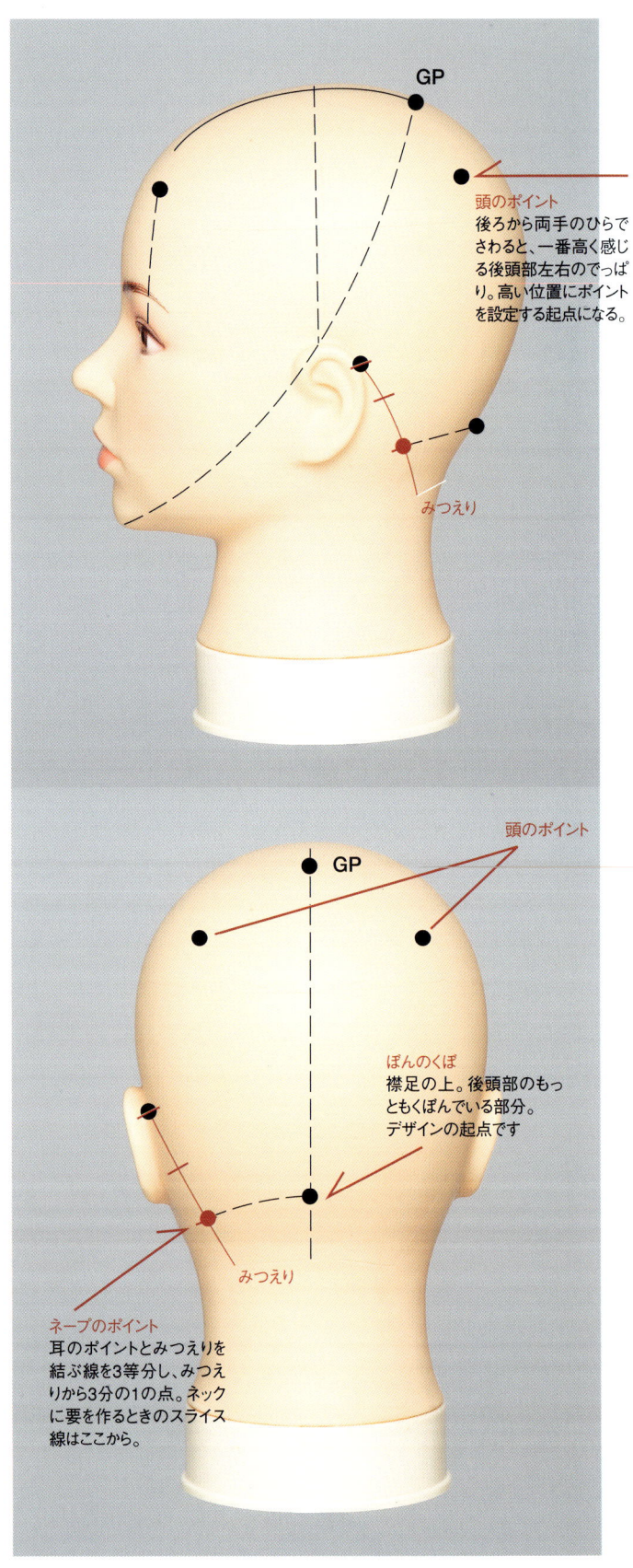

目の3分の2のポイント
目の幅の3分の2から垂直に延長した生え際の点。サイドパートの起点になります。

頭のポイント
後ろから両手のひらでさわると、一番高く感じる後頭部左右のでっぱり。高い位置にポイントを設定する起点になる。

ゴールデンポイント
頭の中心点。あご先と耳の一番高いところを結んだ延長線と、正中線が交わる点。クラウンの土台はここに作る。

耳のポイント
耳の一番高いところから少し後ろよりの点。ブロッキングのスライス線はここから始まる。

頭のポイント

ぼんのくぼ
襟足の上。後頭部のもっともくぼんでいる部分。デザインの起点です

ネープのポイント
耳のポイントとみつえりを結ぶ線を3等分し、みつえりから3分の1の点。ネックに要を作るときのスライス線はここから。

みつえり

自分を動かせるのは、自分だけ。
自分の力で自分の「やる気」をのせていく。

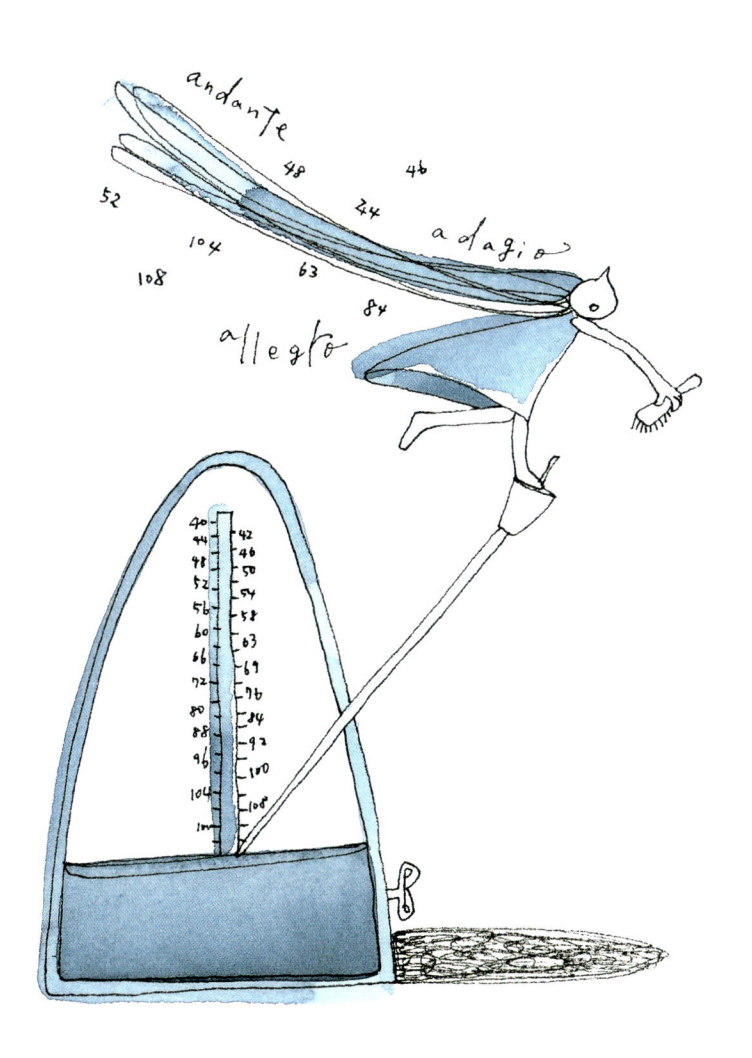

メトロノームで逆毛の練習
アップに限らず、ベーシックを身につけるには［ほんとうにやらなければならない］時期があります。
くり返しくり返し、来る日も来る日も続けなければ。
私のそんな頃、逆毛のリズムを刻みこむのに活躍してくれたのがメトロノーム。
カチカチカチカチ単調な音をだんだん早めて一体化できたとき、はじめて、少し上達したかなあ、と感じました。
メトロノームのスイッチを入れた瞬間、からだが勝手に逆毛モードに入るのです。
リズム感だけでなく、飽きずにくり返し集中する環境として役立ってくれていたのかもしれません。
お気に入りの音楽でも何でも、自分をのせる道具立てを探してみてはいかが?

一束に結ぶ ① クラウンからスタート

高い位置に一束に結ぶテクニックには、あらゆる要素が詰まっています。まず、ゴムの正しい結び方をおぼえましょう。

1 スタート段階での引き上げる角度が後の操作に影響する。しっかりイメージをもって。

2 ブラシで毛束を引き上げながら、左手親指に力を入れて根元に寄せていく。

3 小指に力を入れて、手首からぐっと起こして、始めのイメージ通り毛束の角度を上げる。

4 毛束をつかむ左手の薬指と小指の間に、ゴムをはさむ。

1 左手で毛束をしっかり持ち、下からブラシを入れ、しっかりかませます。高く引き上げる角度をイメージして、2 左手を寄せて、親指と手のひらで毛束をつかみながら、ブラシで高い角度に引き上げます。3 小指に力を入れてしっかりつかみ、右手のブラシを毛先まで抜きます。4 毛束をつかむ左手の薬指と小指の間に、ゴムをはさみます。

10 ゴムの両端を、テンションをかけて上に引っ張り、11 両端を右手親指と人差し指でからめます。12 もう1回からめて、13 右手の小指でゴムの根元をしっかり押さえて、左手を抜きます。

10 ゴムの両端を揃えて、テンションをかけて上に引っ張る。地肌側に倒すようなイメージで。

11 人差し指でゴムの先端を押さえ、手首を内側に返しながら輪の中に入れるとからまる。

12 2回目も同じ。一方の端を人差し指で押さえ、手首を返して輪に入れる。

13 ゴムの根元を右手小指でしっかり押さえておいて、左手を抜く。

018

5 右手で届くところまで一気に引き上げ、左手小指でゴムを押さえておいて、上から持つ。

6 ゴムは地肌に沿うように、しっかり巻きつける。テンションをかけて、小指に密着。

7 ゴムは決して浮かせない。毛束の表面を強くなぞるような感じで、巻きつけていく。

8 2周目は、1周目のゴムより、さらに地肌側に巻きつけて、表面を締めつけていく。

5 ゴムを地肌に沿わせるような気持ちで根元に巻きつけ始めます。6 テンションをかけてゴムをしっかり引き上げ、7 巻きつけます。8 手の届くところまでいってもちかえ、1周目のゴムよりさらに内側を通って、2周目を巻きつけます。9 この間、左手の小指がしっかり地肌についていることが大切です。この写真のように、右手を放しても、毛束もゴムも動きません。

14 両手でゴムの両端を引いて、しっかり結びます。15 もう1回結び、16 ゴムの先を引き上げて、結び目のできるだけ近くでカットします。17 高い位置に結べましたか? はじめのイメージの高さと角度になっていなければ、はじめからもう一度。

14 両端を引っ張ってしっかり結ぶ。ゴムを地肌側に引っ張るイメージで。

15 2度結びする。

16 ゴムの先をカットする前に確認。うまくいってなかったら、ゴムをほどいてもう一度。

17 はじめにイメージした角度になっていますか？イメージ通りできるまで、何回も。

一束に結ぶ ②　下から集める

一束の土台にむかって順にすべての毛束を集めます。それぞれの毛束の方向性のつけ方をおぼえましょう。

角度のキープ
クラウンに結んだ土台の角度に合わせて、下の毛束を集める。コームで角度をイメージしてからスタート。

ⓐ

ⓑ

1　2　3　4

いつも両手は連動して、左手がついていく

9ブラシで土台に向かって引き上げながら左手全体で表面を整え、10さらにブラシで真上に引き上げながら、土台の位置で毛束をつかみ、11左手小指に力を入れて、ブラシは上に引き抜きます。

9　10　11

しっかり上がるまで何度もくり返す
1〜8をくり返して、上に向かう方向性がついてから

左サイドを集める

ⓒ

ⓓ

角度のキープ
左サイドを集めるときも、右サイドを集める段階でも、必ず、角度をイメージしてからスタート。

1　2　3　4

1左サイドの毛束を左手で持ち、右手のブラシで引き上げ、すぐ左手を放します。2左手で表面を整えながら根元に向かい、土台と一緒に毛束をつかみ、3左手小指でしっかり土台に押さえつけて、ブラシは高い位置で毛先まで抜きます。4地肌に沿わせるようにゴムを前に倒して巻きつけ、結びます。

2　3　4

ゴムを前に倒すイメージで

020

1下の毛束を左手で持ち、ネープからブラシを入れて真上に引き上げ、2土台の位置で、毛束にブラシをかませて、左手を放します。3さらにブラシで引き上げながら、左手でネープから引き上げ、4土台の位置で毛束をつかみながら、ブラシを高い位置で毛先まで抜きます。5・6表面を整えながらおくれ毛を引き上げ、7・8つかんだ毛束と一緒にして、前上方に抜きます。

12・13土台の毛束を高く引き上げ、左手薬指と小指ではさみます。14右手にもちかえ、左手を抜き、15左手にもちかえ右手を抜き、もう一度左手にもちかえ、16小指に力を入れて手首を起こします。高い角度になっていたらゴムで結びます。

下の毛束を土台に寄せていくイメージで

P18　ゴムの結び方

右サイドを集める

1右サイドの毛束を左手で持ち、右手のブラシで引き上げ左手は放します。2さらにブラシで引き上げながら、左手で土台と一緒に毛束をつかみ、3ブラシは毛先まで抜きます。4左手首を起こして角度をキープし、しっかり押さえてゴムで結びます。

P18　ゴムの結び方

point

左サイドを集めるときは、左手は楽に表面を整え、毛束をつかむことができますが、右サイドでは、上から回りこむような体勢になります。ここがうまくいかないと左右対称にならないので、よく練習しましょう。

021

三つ編みの土台

土台には、高さを出し、毛先を集める要であると同時に、ピンを受けとめる[針刺し]のような役割もあります。ピンの効果があがる編み方をおぼえましょう。

1 左右から三分の一に親指を入れて割り、毛束をつかみます。こうすると、ひとつの動作で毛束を3分割できます。2 左手の親指、人差し指、中指で左の2本の毛束をはさみ、右手で右端の毛束を持ちます。3 手首を右に返しながら左に寄せ、4 左手の親指と人差し指にはさみます。5 右手で2本の毛束の交差したところを、しっかり押さえます。

11 左の毛束を右に寄せて重ねるときは左手首を左に返し、12 右手で左の毛束に重ねるときは右手首を右に返します。編み目がブロッキングの左角まできたら、13・14 からだを左へ移動させながら 15 左下へむかって、毛先まで編んでいきます。

からだを左へ移動しながら編む

21 左手で土台を押さえ、オニピンで三つ編みの表面から毛束をすくい、22 ピンを返して、ピン先を地肌に向かないように起こして、23・24 人差し指で差し込みます。25 スモールピンで右角の表面をすくいます。

→ P15　ピンワークの基本

26 ピンを返して、地肌に向かないようにピン先を少し起こして、差し込みます。27 形を整えて、28 左上の角も、同じようにスモールピンですくって返してとめます。29 右下、左下の角もスモールピンでとめます。30 安定した土台ができます。

左手でピンを迎えにいくような気持ちで

022

6 左手の毛束を、7 手首を左に返しながら右に寄せ、右手の中指、薬指、小指ではさみます。8 交差した編み目を左手にもちかえ、テンションをかけて毛束を右にしっかり引きます。9 左手親指で編み目を押さえ、10 左手の中指、薬指で毛束をはさみ、右手首を右へ返しながら左に寄せます。

P12　三つ編みの基本

16 毛先まで編んだら左下の角を右手で持って、三つ編みした毛束を真上に上げ、17 ぐるりと巻いて、18 右手にもちかえ、左手を添えて毛先まで巻き込みます。19・20 両手で厚みと形を整えます。

土台に限らず、三つ編みにはピン1本でとまる[締まり]が必要です。そのためには、髪の表の目だけが表面に出るように編むこと。1 右の毛束を左に寄せるときは右手首が上になり、2 左は左手首が上、3 編み目を親指でしっかり押さえて進みます。

ありがちな間違いをやってみます。上の写真と手首の角度を比較しましょう。持った毛束を内側に入れているので、手の甲が見えています。こうすると、裏の目が出てしまい、[締まり]のない編み目になってしまいます。

できた三つ編みにピンを差してみましょう。左の編み目にはピンがしっかりとまりますが、右の編み目にはぶら下がってしまい、ピンの効果がありません。

023

ベースの夜会　左下から右上へ

一見、似たような動作のくり返しですが、面をきれいに作り、ゆるみなく引き上げるには、ブラシ、コーム、左手で、少しずつ確実にくり返していくことが大切です。

1　2　3　4

→ P9　逆毛の立て方

14　15　16　17

毛束の裏もきれいに整える

27　28　29　30

手首を内側に返してひねる

40　41　42　43

40・41コームを入れて、表面に筋目を通し、42・43左手で追いかけながら、もう一度表面をきれいに整えます。

ブロッキング
クラウンに三角ベースを取り、三つ編みの土台を作ります。ネープはセンターから約1cm右で分けます。

→ P16　骨格のポイント

024

右下から左上へ

右からあげていく操作は、手の入り方が左とは違うので、左右対称に作ることが難しいかもしれません。的確にからだを移動させて操作しましょう。

49 右側に入ります。毛束の表面をブラシで整え、50 裏面もきれいに整えます。裏が整っていることが表面のきれいさを左右します。51 左手で持った毛束の表面からブラシを入れて、しっかりとらえ、52・53 からだごと左へ移動しながら、左手ではさんで毛束を引き上げます。右側は左手が下から入るので、左側より体勢が難しくなります。

49　50　51　52　53

からだごと左へ移動する

59 右手にもちかえ、60 左手で表面を追いかけながら、61 ポイントの位置で、右手首を外側に返して毛束をひねり 62 ポイントの位置で仮どめしておきます。

59　60　61　62　63

手首を外に返してひねりあげる

69 左の夜会をとめた根元の1cm左側に 70・71 スモールピンでとめます。合わせ目はほぼセンターになります。72 逆側からもスモールピンでとめ、ピン先は重ねます。

69　70　71　72

左手でピンを迎えにいくような気持ちで

77 指先で押し入れてから、78 上からすき毛にオニピンを差し込みます。79・80 合わせ目、高さ、表面の様子を確認しましょう。

77　78　79　80

左手で面を支えて押し入れる

027

6逆側も同じように逆毛を立て、土台と1cm間隔をあけて上げておき、7逆毛と同じステムで広げて重ねます。8三つ編みの土台に硬いすき毛をおき、9左手で支えて、4か所の角をオニピンでとめます。10左手ですき毛を押さえて、下はスライス線にスモールピンでとめます。

P15　ピンワークの基本

11ピンのへこみをならします。このすき毛の面が表面に直接影響するのできれいな面に整え、12手のひらでまるみを確認します。13すき毛がとめつけられた状態です。なだらか曲面になっていなければ、9番からもう一度。

18整えた表面をブラシでしっかりとらえ、19毛束を左手ではさんで、からだごと右へ移動しながら、ブラシで毛束を引きます。20平行に引きながら表面を整え21ポイントにむかってさらに引き上げ、22ブラシは毛先まで抜きます。

23左手で毛束をしっかり持ち、もう一度ブラシで表面を整えながら、24引き上げます。25ブラシで毛束をキープしておいて、左手で面をなぞり、26ポイントにむかって、右手で引き上げながら、左手が追いかけて面を整えます。

35上から見てみましょう。とめたピンの先に残る毛束は、36毛先からまるめて37・38すき毛との間のすき間に入れ、指で押し入れます。39上からすき毛にオニピンで差し込みます。

NG

まっすぐに上げて夜会を作ってみましょう。1左からまっすぐにあげてピン2本でとめ、2右からもまっすぐあげてとめ、3合わせ目にとめてできあがり。見た目には似た感じにできるのですが、これでは毛先をしまう場所がなく、毛先の始末ができません。また、ひねらずにとめるとピンがゆるみやすく、ネープにたるみができてしまいます。

026

1 約2cmスライスの毛束を45度に引いて、軽くつながりの逆毛を立てて、2 三つ編みの土台と1cmの間隔をあけ、コームの柄で押さえて折り返し、上に上げておきます。2枚目も同じようにして、3 最後のスライスは、真下に引いて逆毛を立てます。4 逆毛を立てた毛束を広げながら下ろします。5 逆毛を立てたステムと同じ角度で重ねます。

5　6　7　8

↪ P11　すき毛の作り方

14 毛先を集めるポイントを設定します。15 左の毛束の表面をブラシで整え、16・17 裏からも、毛先までしっかり整えます。裏は見えませんが、ここが面のきれいさを左右します。

18　19　20　21　22

からだごと右へ移動しながら　　↪ P7　ブラシワークの基本

27・28 左手で毛束をはさみ、ブラシを真上に毛先まで抜きます。29 左手で押さえていた毛束を右手にもちかえ、30 ポイントの位置で、手首を内側に返して 31 ひねります。

32 左手で表面を整え、まるみを確認し、33 スモールピンでとめます。34 左側からもスモールピンでとめ、ピン先は重ねます

31　32　33　34

↪ P15　ピンワークの基本

44 左手で、上げた毛束の端をつかみ、45 たるみがないように引き上げ、46・47 左手で押さえて、スモールピン2本でとめます。48 夜会の左側が上がりました。

44　45　46　47　48

左手でピンを迎えにいくような気持ちで

54 左手にもちかえ、表面を整えます。55 もう一度表面を整えながら毛束を引き上げ、左手でしっかりつかみます。56・57・58 ブラシの角で毛束の端を整えながら、さらに引き上げていきます。

63・64 左手を添えて、コームを入れて、表面を整えます。65 面をダブルピンとダッカールでキープします。66・67 仮どめをはずし、左手で押さえて、毛束の端を右手の指4本で、たるみのないように引き上げます。68 左手で面を支えながら毛束をひねりあげていき、

P8　コームワークの基本

ひねりあげながら合わせ目を作る

73 上から見てみましょう。74 ピンの先に残っている毛束は、毛先からまるめて 75・76 右側のすき毛とのすき間にしまいこみます。

81 合わせ目に固定のピンを差します。ピン先を開いて、長いほうを中に入れ 82 上の毛束の表面からピンの短いほうですくってピン先を起こし、83 地肌に向かわず、表面に向かうような気持ちで、薬指で押し入れます。84 合わせ目にピンは見えません。

P15　ピンワークの基本

高さのある土台 ① ゴムをずらす

一束に結ぶ技術があれば、夜会風のシルエットにすることができます。ゴムをずらして空間を作り、毛束をしまいこんで上に高さを出します

1 すき毛の上に一束に結びます。2・3 人差し指でゴムの結び目を固定し、親指でゴムの半分を上にずらします。4 土台の上の間隔が広がり、高さがでました。5 毛束を毛先からまるめます。

6・7 広げた部分のすき間に押し入れます。8 ゴムをオニピンですくい、9 ピンを返して、上から差して固定します。10 高さのある土台になりました。

→ P15　ピンワークの基本

高さのある土台 ② すき毛をつかう

レイヤーが入っていると、根元が太く毛先の細い三つ編みになるため、巻きつけると土台の上が高くなります。すき毛で強調してより高くします。

1・2・3 まず基本の三つ編みの土台を高い位置に作ります。4 すき毛を下から上にとめつけ、5 高さと角度を調整します。左手で下から支えて、まるみを確認します。

→ P11　すき毛の作り方

6 三つ編みの土台の上にすき毛の上端を折り込み、指で押し入れて 7 形を整えます。8・9 左右からサイドの毛束を抱き合わせて、夜会を作ります。すき毛の形なりの高さと角度になります。

気持ちのふくらみが、イメージの広がり。
型にとらわれず、感覚をふくらませるために。

型を知るためにデッサンを描く
ベーシックを練習しているときは、徹底的にまねをすることが大切。
スポーツのようにダンスのようにまねをしてまねをして、型を知ったら、
あとは基本を感覚的に発展させ、自分自身の作風に仕上げていきます。
その日のために、自分の中にあるイメージを［絵］にするトレーニングもしておきましょう。
若い日の私は好きな写真をガラス窓に貼って、トレーシングペーパーを重ね、
えんぴつでなぞって絵を描いていました。
ななめ横から、ななめ後ろからのアップのふくらみが好きだと気がついたのもそんな頃。
デッサンを描くと、表現するためのテクニックがイメージできて、型を知る原動力にもなります。

2 *step up* 練習問題

おもに面で構成するスタイルから。ここにはあらゆるアップの大切な要素が詰まっています。まずやってみる。できないところは準備運動からもう一度。

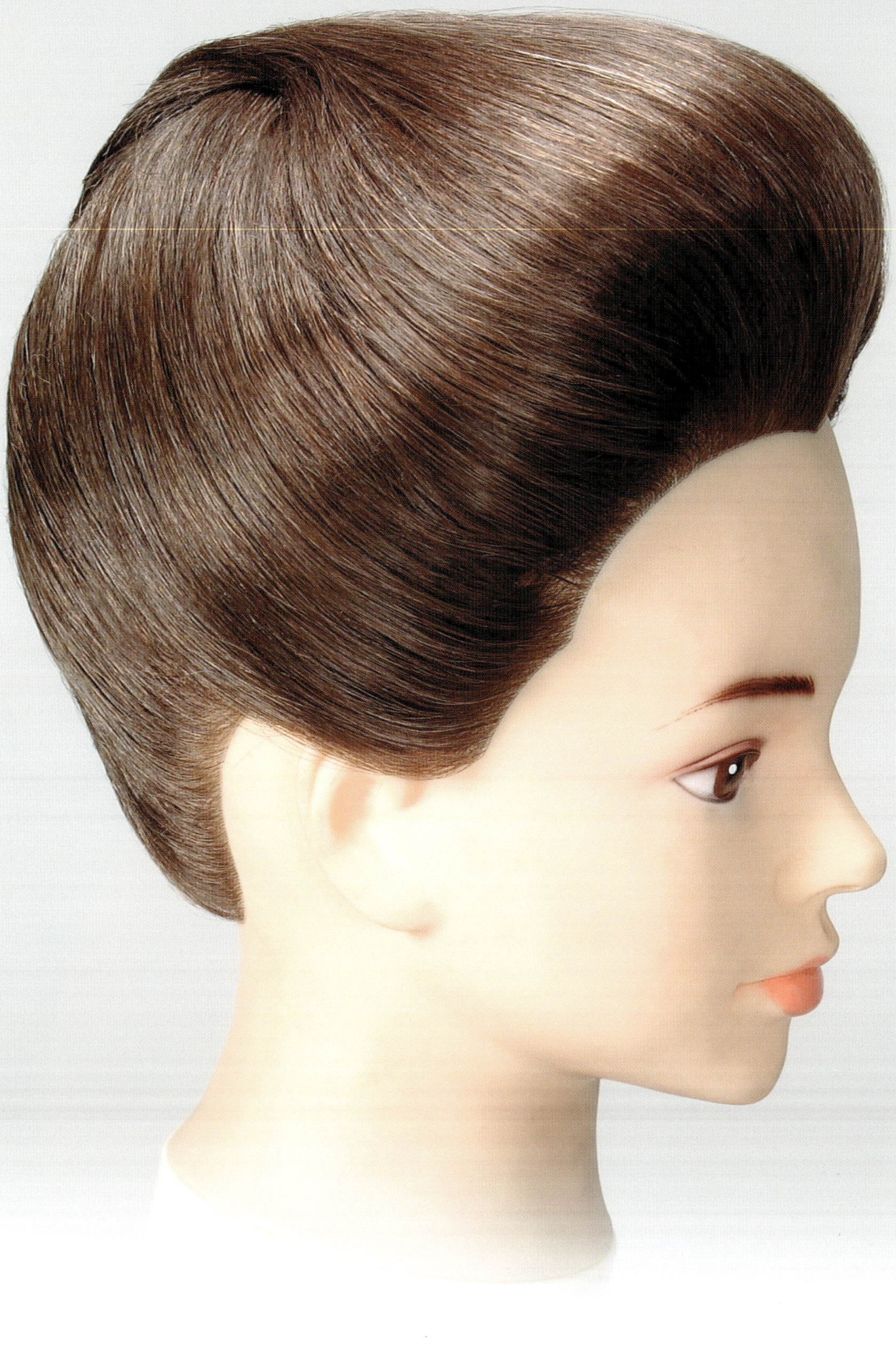

style 1
定番 ポンパドール

もっともオーソドックスなポンパドール。左右対称にまるく、やわらかく、軽く大きく作ります。形ができたら指で押してみてください。もどってくる弾力が決め手です。すき毛を控えめに、逆毛でボリュームを作ります。

1 前髪をコーム10cmの幅と10cmの奥行きでとり分けておき、2 サイドは縦に3つに分けて、3 フェースライン側の毛束から、毛先までしっかり逆毛を立てます。

サイドも前髪も均等に3つに分けることで、逆毛のボリューム感をつなげていき、まるさを作ります

4・5 同じように、左右各3枚の毛束に均等に逆毛を立てました。写真のように前に向かう方向性がつくくらいが目安です。6 前髪を横に3つに分けます。サイドとスライスがつながります。

P9　逆毛の立て方

7 トップ側から3枚それぞれに逆毛を立てます。8 逆毛を立てた毛束を前に下ろし、トップにすき毛をとめつけます。9 左サイドのすき毛の上に左手を置いて、ブラシに毛束をかませて前にまっすぐ引き、

P11　すき毛の作り方

P24　ベースの夜会

10 すき毛を押さえている左手の甲にのせ、毛先を中心に集めます。11 2枚目の毛束も、同じ流れでのせていき、12 毛先を中心に集め、ブラシは毛先の先まで縦に抜きます。

P7　ブラシワークの基本

033

style 1 定番ポンパドール

13 3枚目のフェースラインの毛束です。左手で表面を押し出し、ブラシに毛束をかませて前に引き出し、14 左手の甲にのせ、15 表面を支えてさらに引き 16 ブラシは、縦に毛先の先まで抜きます。

ブラシワークもコームワークも、同じ方向に向かって、同じ動きで正確に積み重ね、左手が必ず追いかけて

17・18・19 表面をコームで整えます。ブラシで作った毛流れの上をコームでなぞり、筋目を通します。左手は必ず頭のまるみをとらえて、後を追いかけます。20 きれいな毛流れをキープするため、ダブルピンで押さえておきます。

→ P8 コームワークの基本

21・22 毛束を指ではさみ夜会の合わせ目の上のポイントで、手首を返してひねります。23 毛先までねじってすき毛の下へ入れ、端をひっぱり、24 ピンですくって、25・26 たくしこむようにして毛束にかぶせ、ピンを返して差し込みます。27 右サイドはブラシで引き、左とボリュームが揃うようにふくらみを調節。28 コームで毛流れを整え、29 右手で支えながら左手首を返して、毛束をひねり、左サイドの毛束の上からすき毛の中に入れ、

→ P7 ブラシワークの基本 → P8 コームワークの基本

30・31・32 すき毛の端をひっぱり、ピンですくって毛束にかぶせ、ピンを返してすき毛に差し込みます。33 夜会の上に両サイドの毛束が集まり、毛先はすき毛の中にしまいこまれました。

30　31　32　33

⬅ P15　ピンワークの基本

すべての毛束をひとつのポイントに集中させます

34 前髪も、手順はサイドと同じです。左手をすき毛の上で少し前に出し、毛束をブラシにかませて高く引き上げ、35 左手で受けて、ブラシは縦に抜きます。押さえていた左手の厚み分の空間ができています。36 軽く広げて 37 ポイントに集めて仮どめします。

34　35　36　37

⬅ P13　シニヨンの基本

38 次の毛束も同じです。左手で表面を軽く押し出し、ブラシにかませた毛束を高く引き上げ、39 左手にのせ、40・41 表面と押し出した空間をキープしながらブラシを抜き、仮どめします。

38　39　40　41

すき毛には、やわらかく伸びる方向とかたくて伸びにくい方向があります。このように毛束を安定させるために使う場合は、縦、横の目を読んで、伸びにくい方向からすくうこと。すき毛を作るとき、上下左右に伸ばして確認を。

⬅ P11　すき毛の作り方

035

style 1 定番ポンパドール

42・43左右から親指を差し入れ、扇を開くように毛束を広げます。44ポイントの位置に毛束を集めて、45毛先までねじり、46中心にピンを差し込んでとめます。

P13 シニヨンの基本

すべての毛束をひとつのポイントに集中させます

47・48最終のフェースラインの毛束も、これまでと同じように、左手で押し出し、ブラシにかませた毛束をかぶせ、49ブラシを縦に抜きます。この押し出してできた空間が軽さとやわらかさの決め手です。

P7 ブラシワークの基本

50左右から親指を入れて、毛束を広げ、サイドのまるみとつなげます。51前髪とサイドの境界線をコームでならし、表面の毛流れを整えて、52コームの先を差し込み、へこみを下から引き上げ、凹凸を揃えてまるみを作ります。

53表面の毛流れをダブルピンでキープします。54・55前髪の毛束をポイントの位置でまとめて、56毛先までねじります。

036

57・58 夜会の抱き合わせの間にすべりこませるように、指先で、ねじった毛束の毛先をしまいこみます。

57・58 夜会の合わせ目にすべり込ませて毛先をしまう

59 抱き合わせの表面の毛束を少しオニピンですくって、**60** 手首を返してピンの方向を変え、抱き合わせの合わせ目の部分に差し、**61** すき毛の奥までしっかり押し入れます。

→ P15　ピンワークの基本

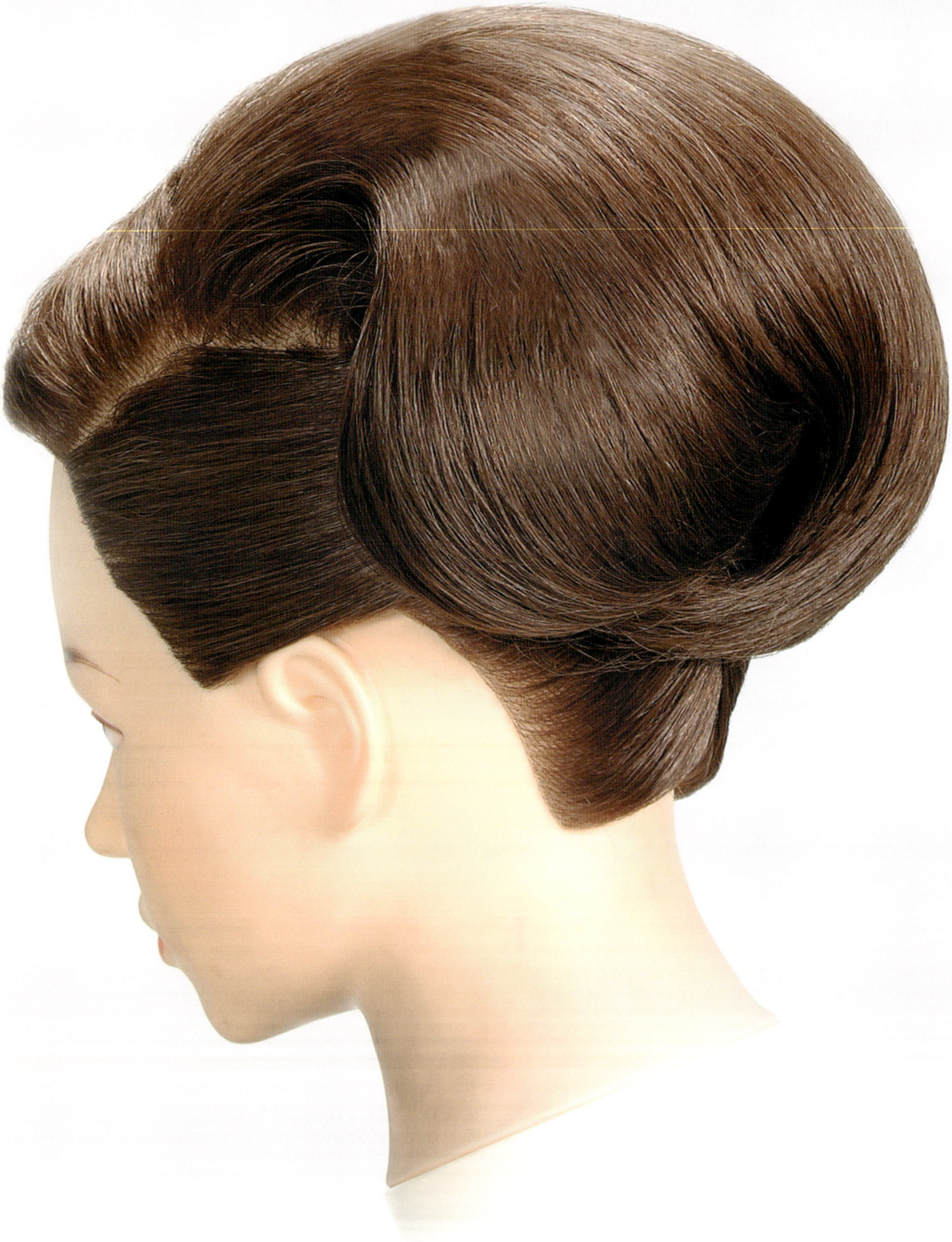

style 2
やわらかい うねり

正面から見るとほぼシンメトリに見えながら、後ろからは、やわらかく右から左へうねる様な動きがあるのが特徴。右側は完璧なまるさを、左は優雅な曲線を目指します。前髪とサイドをタイトに作ることで、ふくらみが強調されます。

1 左サイドの毛束を平行に引き、生えぎわからブラシを入れ、2 毛先までよくブラッシングして、毛流れが整ったら 3 力をこめて、ブラシをしっかり毛束にかませてさらに引きます。地肌にしっかり密着させる気持ちで。

ブラシの頭をもみあげに密着させて入れ始める

4 ブラシをはずして毛束を右手に持ち替えます。人差し指と中指でしっかりはさみ、夜会の上まで引き、5 サイド表面を左の手のひらで押さえながら、6 手首の返しで、きゅっと毛束をひねります。

強くはさんで、手首を返す反動の力で毛束をひねります

7・8 ひねったところを、夜会の土台にアメピンでとめます。このとき必ず左手で支えましょう。ピンを左手で迎えにいくような気持ちで。9 残った毛束は、毛先からまるめて

→ P15　ピンワークの基本

→ P24　ベースの夜会

10 夜会の土台の中に入れ、11 左手で土台を支えて、オニピンでとめます。12 左サイドの毛束がおさまった状態です。夜会とのすき間がなく、ぴったりタイトになっていることが大切です。

→ P15　ピンワークの基本

style 2 やわらかいうねり

13 右サイドも毛束を地肌に密着させるように平行に引きます。ブラシはフェースラインに下の角を当てるように入れ始め、14 徐々に引きながら、ブラシ全体を毛束にかませていきます。ブラシを抜いて左手で毛束をしっかり引き、15 右手でフィットさせて、夜会の上で毛束をひねり 16 右手のひらでしっかりキープしたまま、左サイドをとめたところまでもっていきます。

サイドはきっちりタイトに引きつめます。
トップとバックのふくらみとのコントラストを際立たせるために。

17 左サイドをとめた上に重ねてピンでとめます。18 残りの毛先はまるめてとめます。19 前髪はサイドパートで逆毛を立てます。20 トップにもしっかり逆毛を立て、毛束はななめ前に倒しておきます。

← P9　逆毛の立て方

21 土台の上にすき毛をとめつけます。22・23 ブラシの角を使って、毛束を端から放射状にとかしていきます。根元の逆毛は残し、24 ひとつの毛束が終わったら、すき毛にかぶせて表面をブラシで整えます。

← P10　逆毛の重ね方

中の逆毛に影響しないように、ブラシの歯は浅く浅く

立てた逆毛の根元のボリュームはキープしながら、表面を整えて重ねていくとやわらかく空気を含んだふくらみを出すことができます。テクニックのポイントは、ブラシの角を使って、毛束を引っかけながら、落としていくこと。

← P10　逆毛の重ね方

25 ブラシは基本どおり、毛先の先まで縦に抜きます。26 同じように次の毛束もブラシの角で端から少しずつとかし、表面を整えていきます。27・28 ふんわりとした弾力とボリュームをキープしながら重ねていき、面と形を整えます。

中の逆毛に影響しないように、ブラシの歯は浅く浅く

29 基本のブラシワークで、S字をイメージしながら毛先の先まで抜いていきます。30 前髪も同じようにブラシの角で、毛束を落としながら重ねます。31 前髪のふちをブラシの角で整え、32 左手で押さえて、毛先までブラシを抜いて、表面をタイトにします。

← P7　ブラシワークの基本

33 前髪を押さえて、左手で固定。耳の上を通ってサイドに向かう毛流れを作ります。ここも基本のSの字を描く気持ちで。34 耳の後ろで仮どめし、35 前髪の表面をコームでタイトに整えます。

前髪をタイトにして後ろのふくらみを際立たせる

36 前髪にスプレーを振り、37・38 左手で押さえてコームを差し込み、持ち上げてフェースラインに立ち上がりをつけます。

041

style 2 やわらかいうねり

39 前髪の表面と立ち上がり部分をダブルピンでとめてキープします。**40・41** 前髪を右手にもちかえ、耳後ろでひねり、夜会の土台にピンでとめつけます。

すべての毛先は夜会の土台に集めます

42 コームで表面の毛流れを整えます。中の逆毛のボリュームに影響しないように歯は寝かせて。必ず左手で追いかけて、S字を描くイメージで。**43** へこみがあれば、コームの先を差し入れて下から調整し、まるいシルエットを作ります。このときも、まるさや凹凸を感じるのは左の手のひらです。**44** サイドとトップの境界線をコームでならします。

→ P8　コームワークの基本

45 コームの先で土台を押さえ、左手で毛先をつかんで持ち上げ、内巻きのシルエットを作ります。**46** 表面を整えながら、バランスのよい形に整えていきます。**47・48** 右サイドは両手で上下から毛束をつかんで、前後のバランスを見ながら、毛流れとシルエットを作ります。

49 ボリュームの様子を確認して、右サイドはしっかりしたまるさがほしいので、すき毛を足します（41のピンの位置）。**50** 表面の毛流れとフォルムをキープし、**51** バックで毛束を2つに分け、**52** 左側の毛束を右手人差し指と中指ではさみ、

042

53 左手を添えて、毛束をひねり、54 毛束をバランスよく広げます。毛先は、土台にとめつけます。55 右側の毛束をコームでネープにむかって引き、56 右の手のひらでまるみを作りながら下から支えて、

すべての毛束を〔要〕のポイントに集め、毛先はすべてしまいこむ

57 左手で毛先をはさんで、58 右手の支えを徐々に左へ移動させながら、左手首を返して毛先をひねり、59 夜会の土台のポイントにとめつけます。60 正面から見るとほぼシンメトリなバランスです。サイド、バックから見た印象と比較しましょう。

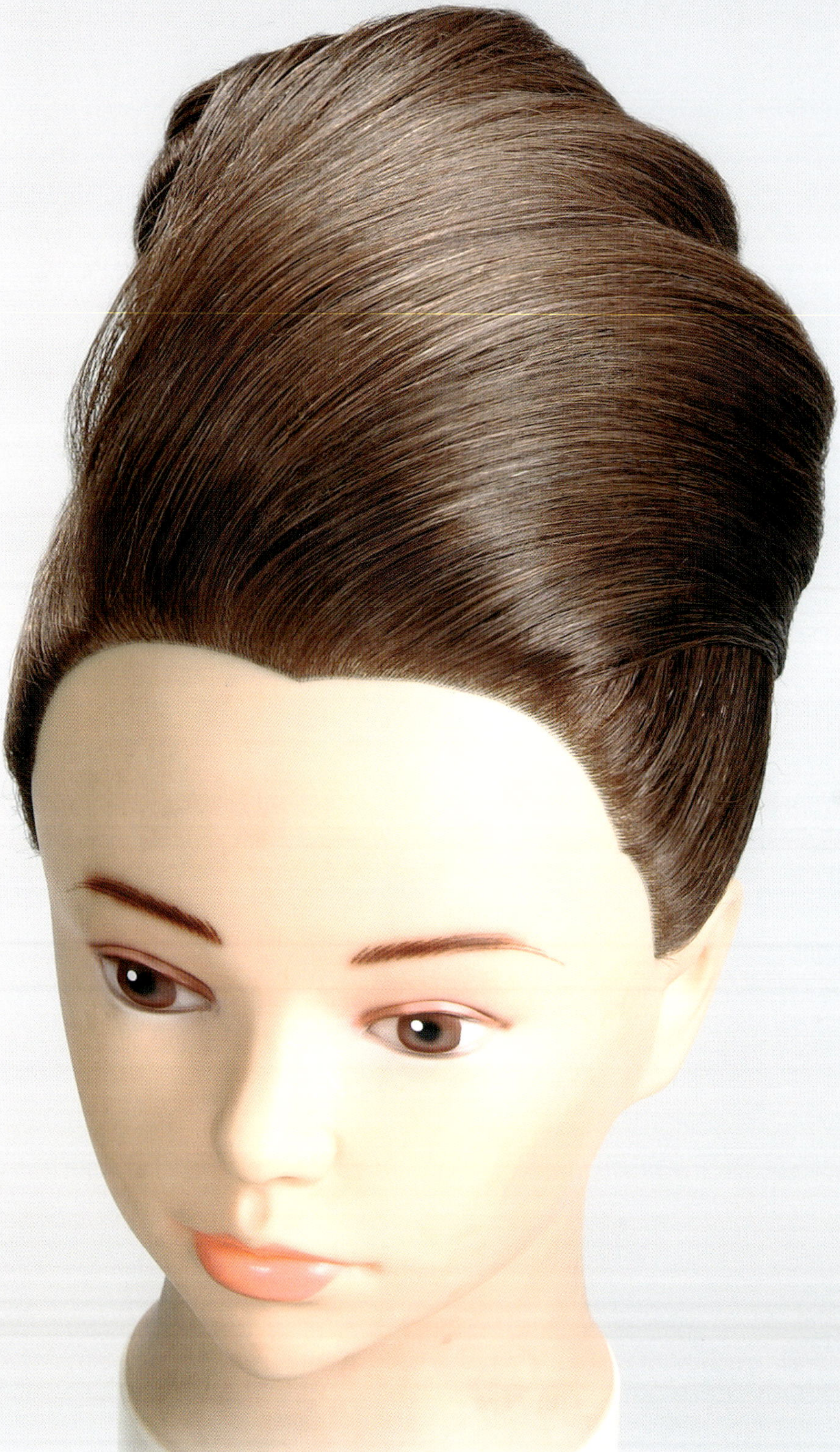

style 3
上昇するライン

髪をどちらかの方向に動かして、うねりや流れを作りたいときは、まず流れの起点となる［点］を設定してすべてを起点にむかって集中させます。順を追って、少しずつ少しずつ段取りをふんで計算どおりに重ねていくと、髪は流れます。

1 2 3 4

すべての毛束を1点に集中させます。集中させる［点］が扇の要。最後の表面の毛流れまでここに集中するので出発点が重要です

5 6 7

1 耳のポイントの延長とサイドパートが交わる点にすべての毛束を集めます。ここが要です。2・3 要に向かってブラシで持ち上げ、4 左手でぎゅっとつかんで毛先の先までブラシを抜きます。このとき左手小指が地肌に密着することが大切。5・6 ゴムでしっかり結びます。ここがすべての起点なので、位置と高さ、角度を確認しましょう。

→ P18　ゴムの結び方

ブロッキング
ななめに流れるうねりを作るため、アシンメトリに。耳のポイント、右サイドの頭のポイントに注目して。

→ P16　骨格のポイント

8 9 10

7 下のすべての毛束をブラシでもちあげ、要に集めます。8・9 ブラシの後から、左手の手のひら全体で追いかけて、先の要の毛束と一緒にしっかりつかみ、毛先までブラシを抜きます。左手の小指は、地肌に密着させています。10 ゴムで結びます。5番の写真と同じ位置と角度です。

→ P20　下から集める

11 12 13

11 左サイドの毛束をブラシで要にむかって引き上げます。12 ブラシの後を左手の手のひらで追いかけて、13 要の位置で先の毛束と一緒にしっかりつかみゴムで結びます。小指は地肌に密着させる気持ちで。

→ P7　ブラシワークの基本

style 3 　上昇するライン

14 右サイドも同じように要に集めます。左サイドより要までの距離が近いのでたやすく感じますが、毛束がかなり太くなっているので、ゴムを地肌に密着させる気持ちでしっかり結びます。
15 すべての毛束が要に集まりました。位置、高さ、角度と表面にゆるみがないか点検し、うまくいっていない場合は、はじめからやり直すポイントがここです。

三つ編みをしながら、編み進める方向へむかって回りこみましょう。からだごと移動しないと、土台の高さと方向は安定しません

16 毛束を3つに分け、指にはさみます。**17** 表面に表の目だけが出るように、右手で毛束を整えながら三つ編みをします。**18** 左上にむかって編み進めながら、からだも徐々に、左へ移動します。**19** からだを移動させながら上にむかって編み進め、**20** からだごと右側へ移動しながら、三つ編みの毛束を右側に巻きつけていきます。**21** 毛先まで編み、ゴムで結びます。

P12　三つ編みの基本

22 右手で表面を支えながら、要の結び目にぐるりと巻きつけます。**23** 巻きつけながらからだも左へ移動し、支える手をもちかえ、毛先をピンでとめます。**24** 高さのある土台ができました。右上にむかう方向性を確認してください。この写真のようになっていなければ、16番からやり直しましょう。

P76　高さのある土台

25 前髪を土台にむかってコームでしっかりシェープします。**26・27** 土台のところで毛束を左手でつかみ、コームを毛先までしっかり抜きます。このときの毛先の方向は右上です。**28** 左手親指で毛束の端をおさえて広げながら土台に巻きつけてみます。ボリュームと長さ、毛流れのシミュレーションです。

046

| 29 | 30 | 31 | 32 | 33 |

⬅ P9 　逆毛の立て方

毛流れをイメージしながら、逆毛を立て、毛束を重ね、広げていきます

| 34 | 35 | 36 | 37 |

29・30 毛流れをイメージしながら、前髪に逆毛を立てます。31 高さを出すため、すき毛をとめつけます。32 逆毛を立てた前髪をひと束ずつブラシで高く引き上げ、33 手のひらで受けて 34 表面に軽くブラシを入れながら土台にのせます。ブラシはS字状に動かし、毛先の先まで縦に抜きます。35・36 次の毛束を高く引き上げ、土台を包みこむようにかぶせて 37 毛束を広げます。

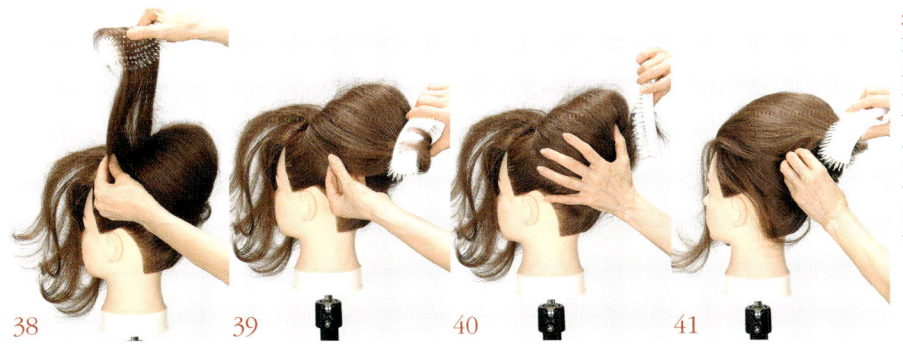

⬅ P7 　ブラシワークの基本

| 38 | 39 | 40 | 41 |

38・39 端に左手を添えて毛束をブラシで高く引き上げ、広げながらかぶせます。40 左手で表面をキープしながらブラシは縦に抜きます。41 同じように毛束を広げながら、土台の上にバランスよく重ねます。逆毛のボリュームに影響しないように、歯は浅く入れます。

髪の毛全体のブラッシングのときだけでなく、細い毛束を重ねるときにもブラシの動きは常に基本の[S]の動きをイメージしながら、毛先の先まで、縦方向に抜いていきます。計算どおりの流れを作るための大切なポイントです。

⬅ P7 　ブラシワークの基本

047

style 3 上昇するライン

42・43フェースラインの毛束をブラシで高く引き上げ、左手で端を持ち、毛束を広げながら重ねます。**44・45**ブラシの歯を浅く入れて表面を整え、左手は頭のまるみをとらえながら、追いかけます。

ブラシのあとを左手が追いかけて、表面の毛流れを整えます

46・47左手で毛束を支えて、左から右へS字状にブラシを抜きながら表面の毛流れを整えます。**48**コームで筋目をつけ、**49**左手で土台を支え、コームで毛先を土台の下に入れ込みます。

P7　ブラシワークの基本

50コームと左手で表面を整え、ダブルピンでキープし、**51・52**コームの先で表面を割り筋目をつけて**53**ダブルピンでキープします。**54・55**一番上の毛束の毛先をつまんでひねり、左手にもちかえてオニピンでとめてから、残った毛先も丸めてとめます。

048

56・57 筋目をつけて割った毛束の毛先を前の毛束をとめた位置まで引き上げてとめ、毛先は折り返してピンでとめます。58・59 最後の毛束も、同じように前の毛束の下に回して、毛先までねじりこみます。

56 57 58 59

すべての毛束を[要]のポイントに集め、毛先はすべてしまいこむ

60・61 折り返して、土台にピンでとめ、62・63・64 残りの毛先は、重ねた毛束の間に指でしまいこみます。

60 61 62 63 64

ピンを打つときは、必ず土台を左手で支えて。ピンを迎えにいくような気持ちで

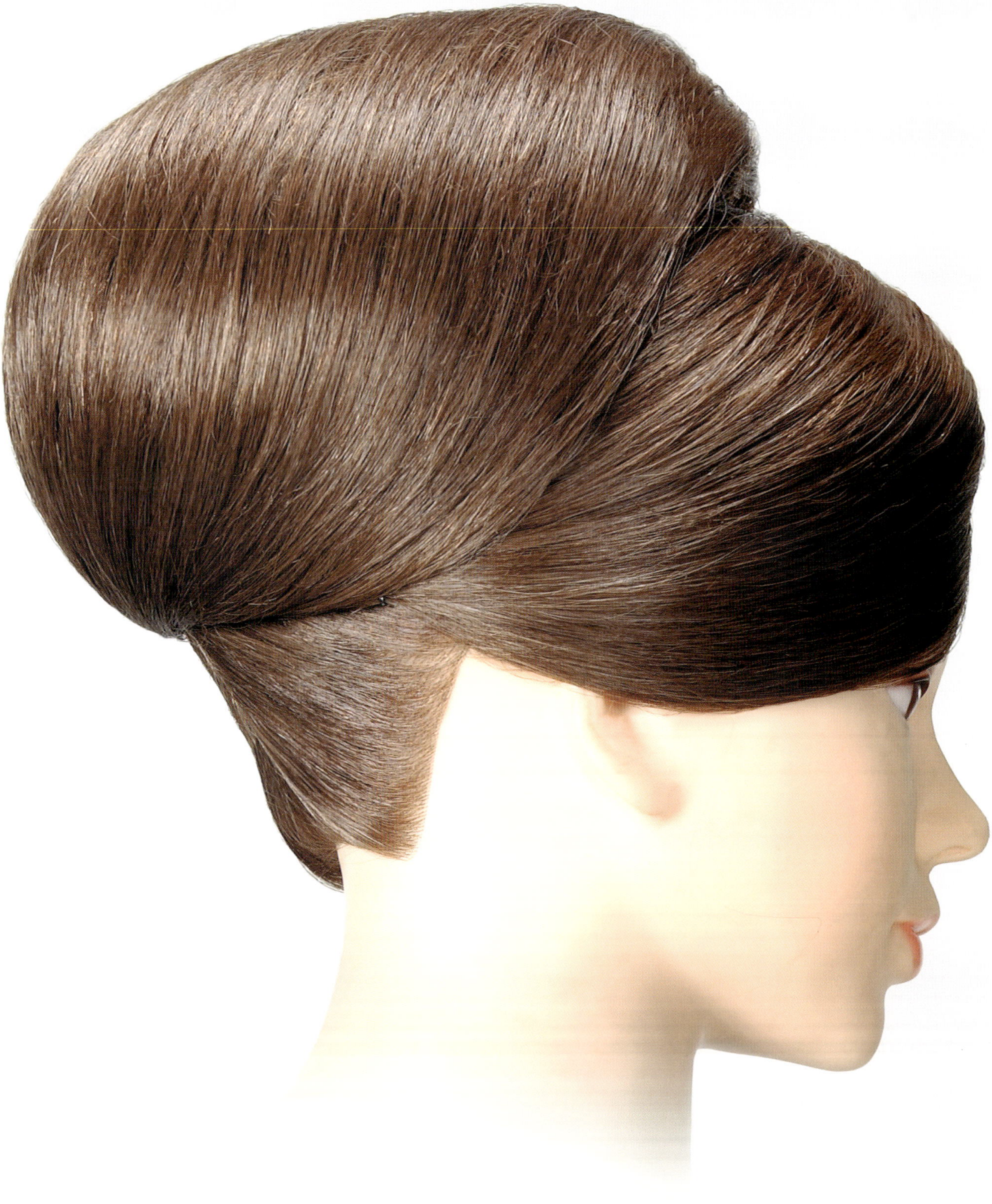

style 4
より高い うねり

毛束をすべて要のポイント1点に集めることで、左右に流れるうねりを作ることはstyle2とほぼ同じ手順です。特徴は、高さ。実際にすき毛で高さを足した上に、前髪をななめに流して幅広く取ることで、縦の長さの印象を強調しています。

→ P40　夜会にタイトなサイド

1 前髪とトップからクラウン、すべての毛束にしっかり逆毛を立て、夜会の土台の上にすき毛をとめつけます。2 ブラシの角で毛束を落とし、3 表面を整えます。根元の逆毛はちゃんと残します。

→ P10　逆毛の重ね方

4 高さとまるみを出すため、すき毛をつけてボリュームを足し 5・6 さらに毛束を落として重ねていきます。

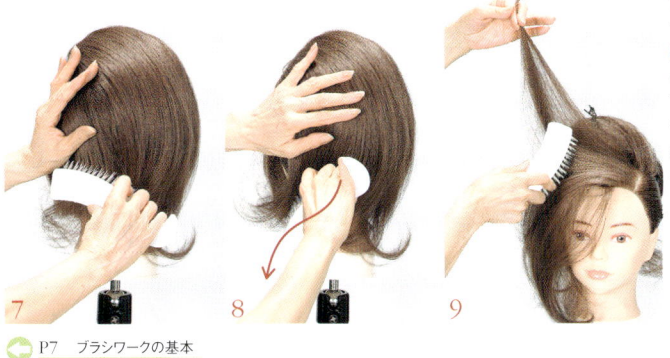

ここまでの手順は、すき毛以外p40と同じ。復習の気持ちで

7 トップの毛束をすべてとかして、表面をブラシで整えます。8 基本のブラシワークでS字の動きをイメージしながら、必ず左手を添え、ブラシは縦に、毛先の先まで抜きます。9 前髪はサイドパートですべての毛束をとかします。

→ P7　ブラシワークの基本

10 表面を整えながら、前髪をななめに流し、11 耳の上を通って左手でつかみます。12 右手にもちかえてひねって 13 左手にもちかえて、さらにひねります。

右手にもちかえてひねり、すぐ左手にもちかえてさらにひねる

051

style 4 より高いうねり

14 15 深くななめに流す前髪の幅広さが、縦の長さを強調する

16 17 18 左手ですき毛を押さえてピンを打つ

20 P42の左側と、高さ以外はすべて同じ。比較してください

21 22 23 24 25 ▶ P8 コームワークの基本

27 28 29 30 31 右手でひねって、左手にもちかえ、さらにひねっていく

33 右手を添えて下から支えながら、さらにひねり、34 毛先からまるめて 35 すき毛にしまいこみ、ピンでとめます。36 表面のダブルピンとダッカールをはずして、後ろのふくらみをコームの先で調整します。37 すべての毛先は要の位置に集まりました。

052

14・15アメピンですき毛をすくって毛束の上にかぶせて、とめつけます。16残りの毛束は、毛先までねじって17毛先からすき毛の中にしまいこみ、18オニピンでとめます。19コームで表面の毛流れを整え、

20左側の表面を整え、ダブルピンでキープしておきます。21・22右側もコームで表面を整えます。23基本のコームワークで、毛先までしっかり抜きます。24左手でまるさをとらえ、コームの先を差し入れて、内側からボリュームを調整し、きれいなまるみを作ります。25・26形ができたら、ダブルピンとダッカールでキープします。

27・28夜会の土台の左側に、要となるポイントを設定します。29左手でまるみをキープしながら、右手で毛束をつかみ、30ふちをひねりながら、すき毛の下にねじりこんでいき、31左手で追いかけながら、夜会の合わせ目の上まできたら、左手で押さえて、右手でひねります。32ひねったところを左手で押さえ、

→ P102　index

style 5
フォルムをゆるめる

面のスタイルからの発展で、質感を広げたスタイルを作ってみましょう。やわらかく空気感を感じさせる軽いスタイルは、まず、しっかり形と面を作ることから始めます。毛流れをきちんと作っておけば崩しても乱れません。

← P9　逆毛の立て方

← P40　夜会にタイトなサイド

1

6

11　からだを右へ移動する

17　からだを右へ移動する

1・2 フロントに土台を作り、前髪を右2枚、左1枚の3つに放射状に分け、それぞれに逆毛を立てます。3 土台の上に、左手を置いて少し前に出し、ブラシで右の1枚目の毛束を引き出し、4 左手の甲にのせます。5 空間は確保したまま、左手で毛束を受け取ります。

左手でフロントに空間を作って、空間を確保したまま毛束を重ねる

P7　ブラシワークの基本

6 次の毛束も同じようにブラシで引き上げ、7 1枚目の毛束に重ねます。8 2枚重ねた毛束のフェースラインからブラシを入れ、表面を整えます。9・10 裏面の逆毛に影響しないように歯は浅く入れます。

裏側の逆毛に影響しないように、ブラシのふちで表面だけを整える

11 からだを右サイド側に移動して、左側の毛束も同じようにブラシで引き、12 高い位置で右側の毛束にふわりと重ねます。13 ブラシは毛先までしっかり抜きます。14・15・16 左側のサイドの根元から毛先までブラシを入れて、毛流れを整えます。

17 からだを左サイド側に移動して、右側も根元から 18・19 毛先までブラシのふちでを毛流れを整えます。20 基本通りS字のイメージで、ブラシは縦に毛先の先まで抜きます。

055

style 5　フォルムをゆるめる

右手首を内側に返す力で毛束をひねり、髪の毛の「目」をすべて表に揃える

→ P15　ピンワークの基本

指を深く差し入れ、左へ、右へ、奥へ手前へ動かす

→ P13　シニヨンの基本　　　　　からだを右へ移動する

26

→ P13　シニヨンの基本

21 毛束を揃えて、右手人差し指と中指でしっかりはさみ、22 左手でつかんでいる毛束を押しながら、右手の手首を返し始めます。23・24 左の手のひらで表面を軽く押しながら、そこを起点に右手首をきゅっと返し、25 左手をはずして、さらに右手首を返して、毛束をひねります。26 ひねったところで毛束を押さえ、

32

27 毛先までねじってダブルピンで仮どめし、28 毛束の中央をピンでとめ、29 毛先の仮どめをはずして、さらにしっかりねじり、30 夜会の合わせ目にしまいこんで 31 合わせ目をオニピンで閉じます。32 毛先の始末が終わりました。

38

33 やわらかいのに、しっかりしたフォルムの前髪です。この段階でもひとつのスタイルとして成立します。崩すスタイルの出発点は、この時点でかたちははっきり、質感にはやわらかさが必要です。34 左手の指を前髪に深く差し込み、35 指を曲げてしっかり力を入れ、左へ、36 右へ動かし、フォルムをゆるめて 37 左側の毛束をつまみ、38 左右に広げて

45

39・40 上下に動かしてバランスを見ながら、さらに広げます。41 からだを移動して、前髪の中心を押さえて、左の毛束の端を下に引きポイントを作ります。42 左側に合わせて、右の毛束もバランスよく広げ 43 アシンメトリに仕上げます。44 バックのねじった毛先も少し表面に引き出して、前髪と質感を揃えます。45 夜会の部分のきっちりした面とのコントラストがポイントです。

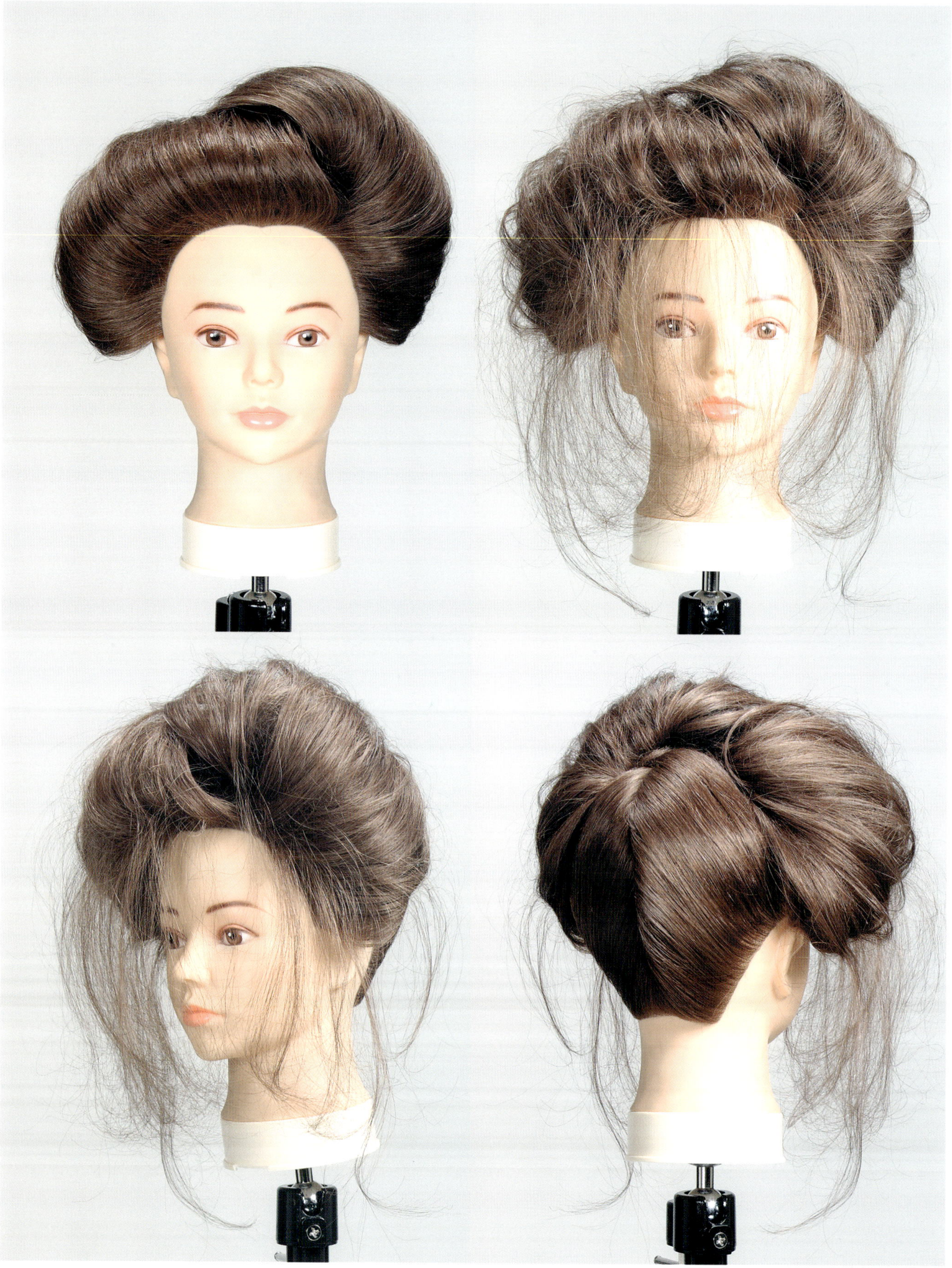

style 6
表面を散らす

アップスタイルの「大きさ」を考えましょう。小さめがカジュアルで、サロンワークにも使いやすい実用性があります。でも、大きく作る経験は大切。大きく作るテクニックがあれば、小さく作ることは、たやすく感じられるものです。

P24　ベースの夜会

1 左のライトサイドのブロッキングをはずして、3つに分けて逆毛を立てます。立てた毛束は上へ重ねていきます。2 立て終わったら広げて下ろしておき、右ヘビーサイドを4つに分けて逆毛を立てます。3 逆毛の上に、ヘビーサイドからすき毛をとめつけていきます。

P9　逆毛の立て方

4・5 2つのすき毛の端が前後に重なり合うようにつけます。ヘビーサイドのすき毛がライトサイドより少し前に出ます。6 毛束をブラシにかませて引き上げ、左手で受けます。

P11　すき毛の作り方

7 逆毛に影響しないように、表面だけをブラシで整え、8 左手で毛束をつかんでゆるみを確保しながら、毛先までブラシを引き抜きます。9 手のひらに毛束をのせて、表面を整え、

P7　ブラシワークの基本

10 ブラシで前に押し出し、11 左手で支えて隙間を確保しながら、右手の人差し指と中指で毛束をはさみ、手首を返してひねり、12 仮どめします。

style 6 表面を散らす

次の毛束も同じように重ねて**13**左手で前に押し出した形をキープしながら、最後の毛束をブラシにかませて引き出し、**14**重ねて、左手で形をキープしながら毛先までブラシを抜きます。**15**左手にのせて表面を整え、**16**土台の上で毛束をつかみ、**17**右手にもちかえ、

左手で前に押してすき毛と毛束の間に隙間を作る。
軽く、やわらかく自由に動かすベースができる

右ヘビーサイドに移ります。**22**左手で隙間を作り、毛束をブラシにかませて引き上げ、**23**空間を確保して高い位置で、左手で受け取ります。**24**次の毛束も同じように重ねます。逆毛に影響しないように、**25**ブラシの歯は浅く入れます。

30左手で毛束を持って右手で毛先までねじり、**31・32**手首を返してひねり、右手の毛先を土台にしまいこみます。**33**ひねったところを、すき毛にピンでとめます。

ピンは意外に重く、お客さまの負担になります。デザイン面でも、1本のピンで多くの毛束をとめることが、軽さ、やわらかさ、散らす自由さの大切な条件。毛束をすくう場所、とめる場所、ピンの効果の有効範囲。3つのポイントをマスターしましょう。

← P15　ピンワークの基本

18・19 左手を差し入れて右手でひねった毛束を受け取り、土台の中にしまいこみ、20 すき毛にピンで差し込んでとめます。21 左ライトサイドがおさまりました。

→ P15　ピンワークの基本

26 次の毛束も高い位置まで引き上げて重ねていきます。27 基本通り、ブラシは、S字のイメージで毛先の先まで引き抜きます。28 最後の毛束もブラシで引き上げ、29 右手で表面を整えます。

→ P7　ブラシワークの基本

34 表面をコームで整えながら高さを調節し、35 余分なボリュームを抑えて、すき毛の中にたくしこみます。36・37 ライトサイドのロールの端をつまんでひっぱり、すき毛をおおうように広げて重ねます。38 コームの柄の先で、ロールのふちを整え、すき毛の中にたくしこみます。

扇の要のように、すべての毛先を1点に集中させる

→ P13　シニヨンの基本

39 大きさの違うロールの抱き合わせができました。40 面を散らしていきます。左サイドは左側から、ブラシの角で表面の毛をかき出し、41 右サイドは右側に移動して、ブラシの角に表面の毛をひっかけるようにして、かき出します。42 表面から毛束を引き出し、全体の質感を崩します。ロールの合わせ目はナチュラルに。

からだを右に移動する

→ P102　index

061

すべてを受け入れて、迎えて支えて、感じる。
いつでも添えられている、手のひらと指先。

andante
alleglo
adajio

左手には、しなやかで優しい感受性がある
右手にはコームやブラシ、ピンを持ちます。右手の延長にはいつでも道具があって、
きちんと道具を操作することでアップスタイルを作っていきます。
でも注目したいのは実は左手の感受性。
たとえば、逆毛を立てるとき左手に毛束をどうはさむ？　ピンを打つとき、左手はどう迎えている？
毛束を重ねるとき、左手でどう受け止める？　ブラシを入れるとき、左手は必ず追いかけて、ついていってる？
ゴムを結ぶときの左手の小指のなんと重要なことか。
頭のまるみを、毛束の厚みを、重なりとふくらみを、土台の奥行きや高さを、
すべて受け入れ、ささえ、感じるのが左手の仕事なのです。

3 brush up 応用問題

練習問題からの発展で、量感の移動や質感のバリエーションでデザインの幅を広げます。ここを通過してからstep upへもどると、フォルムの大切さがいっそうよくわかるはず。

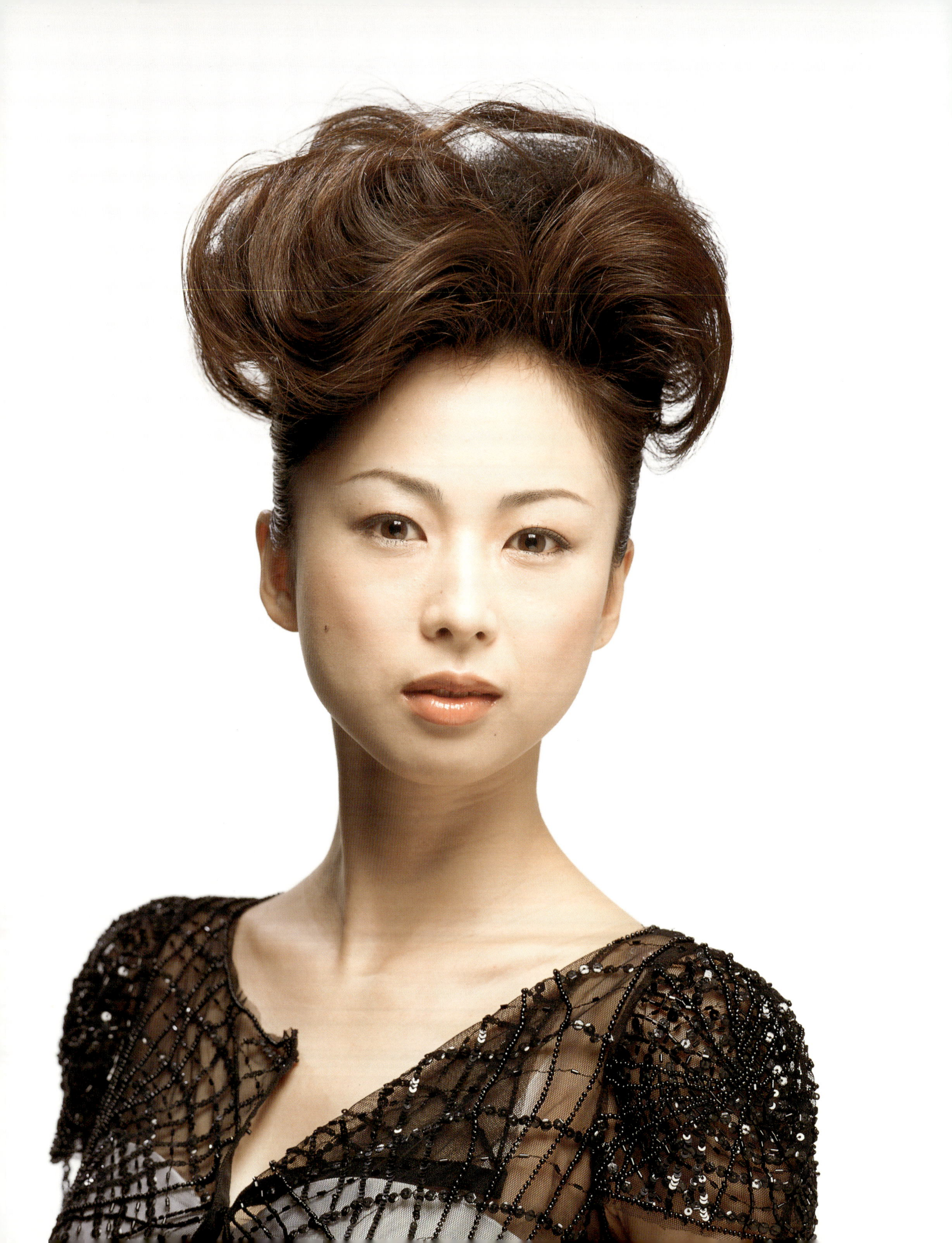

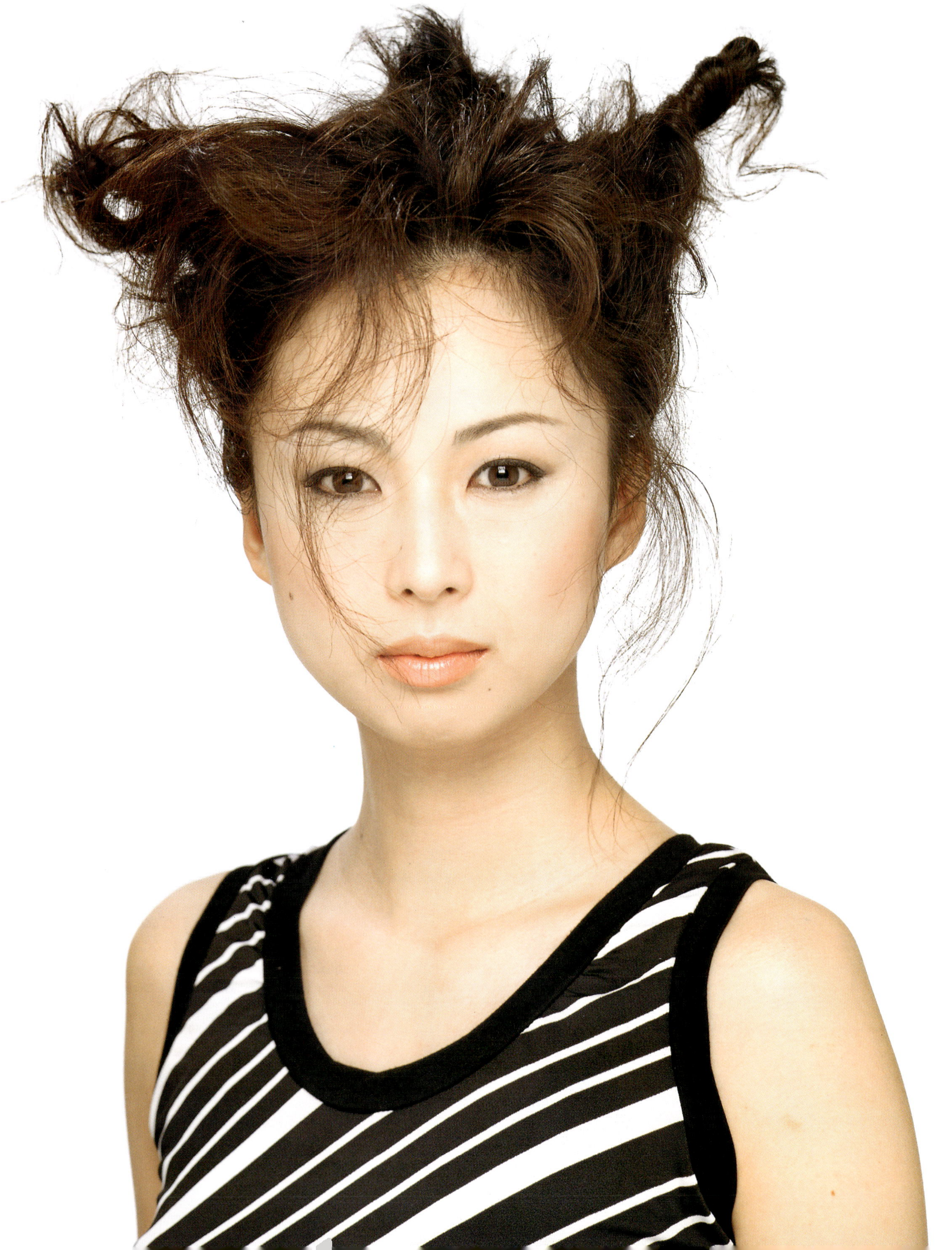

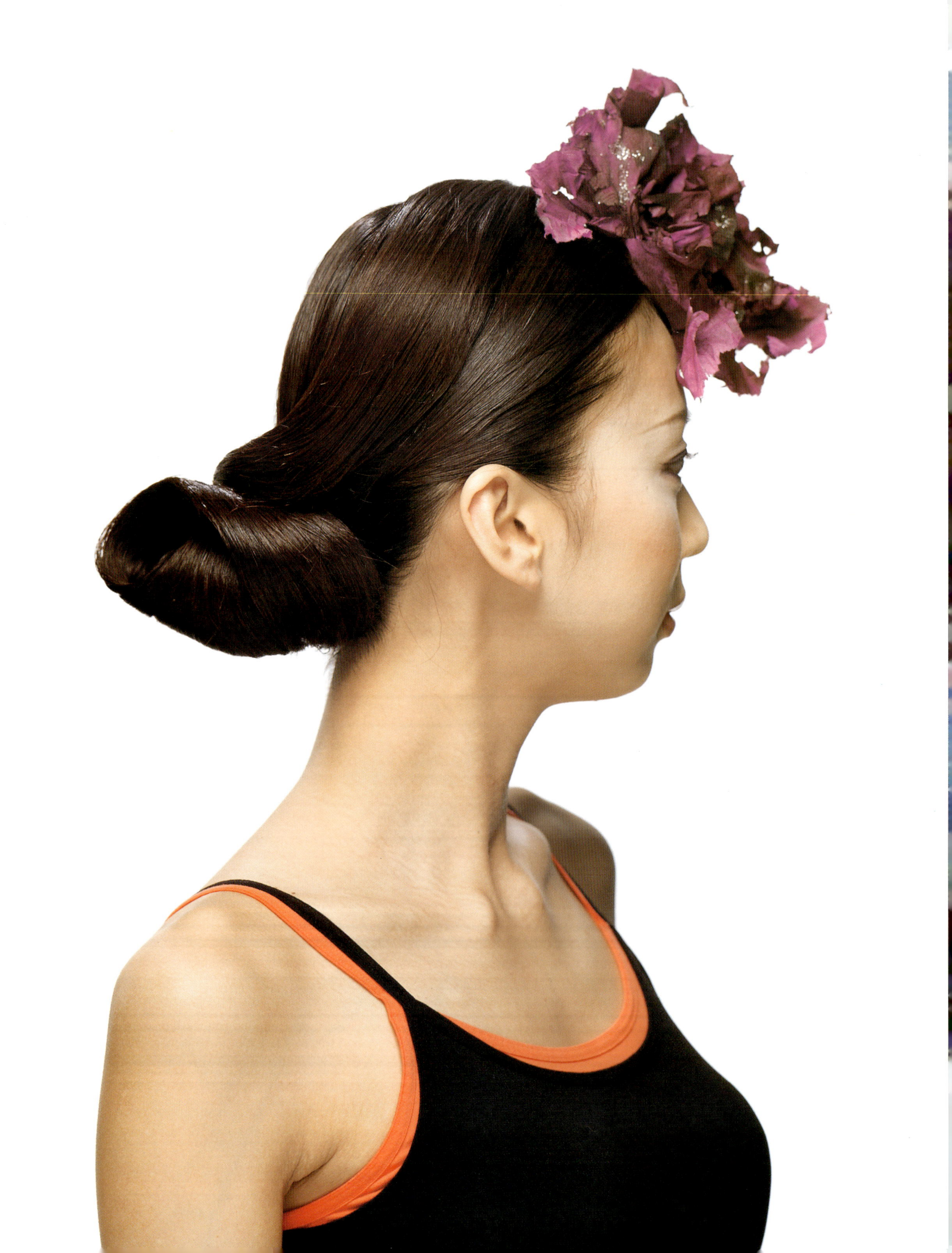

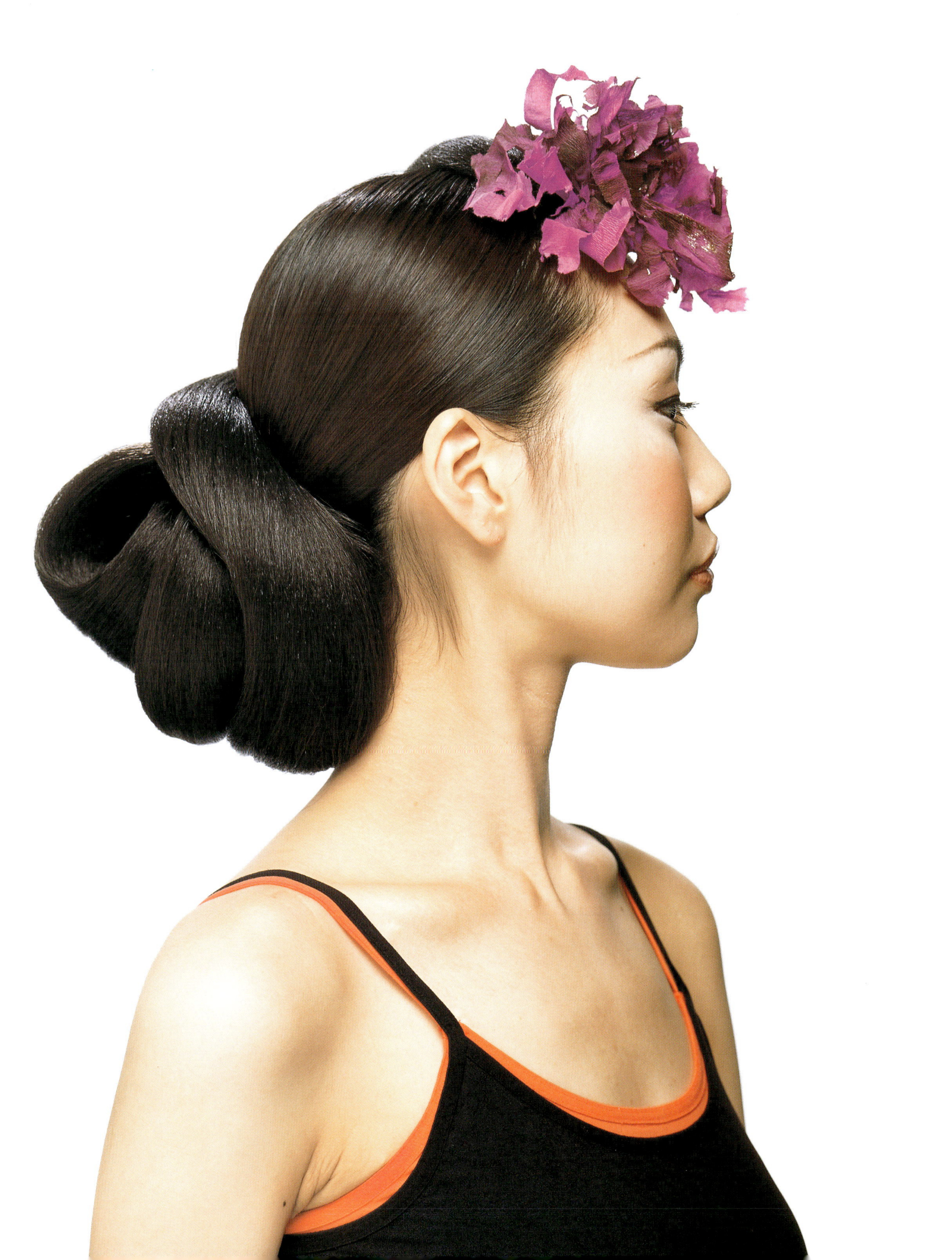

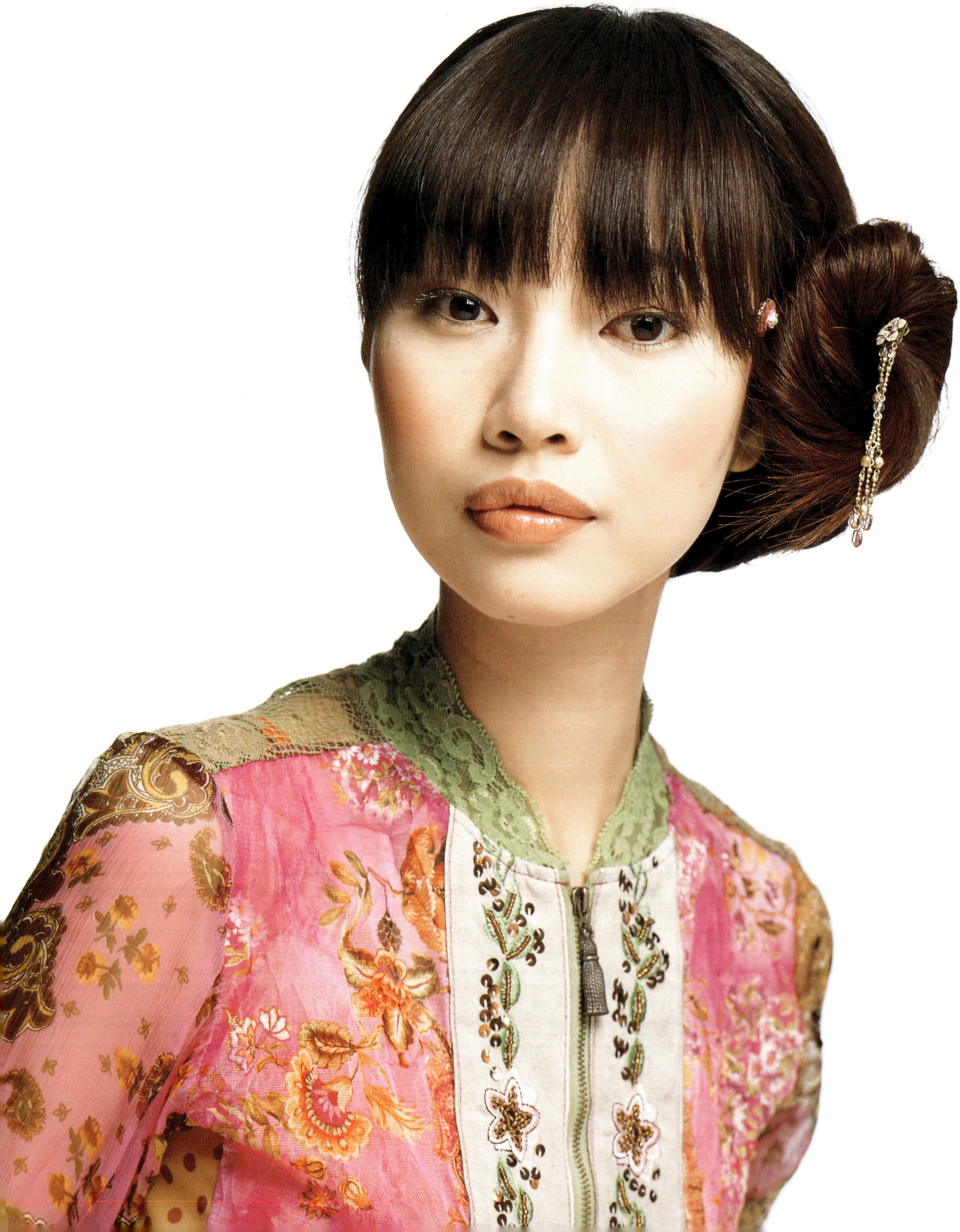

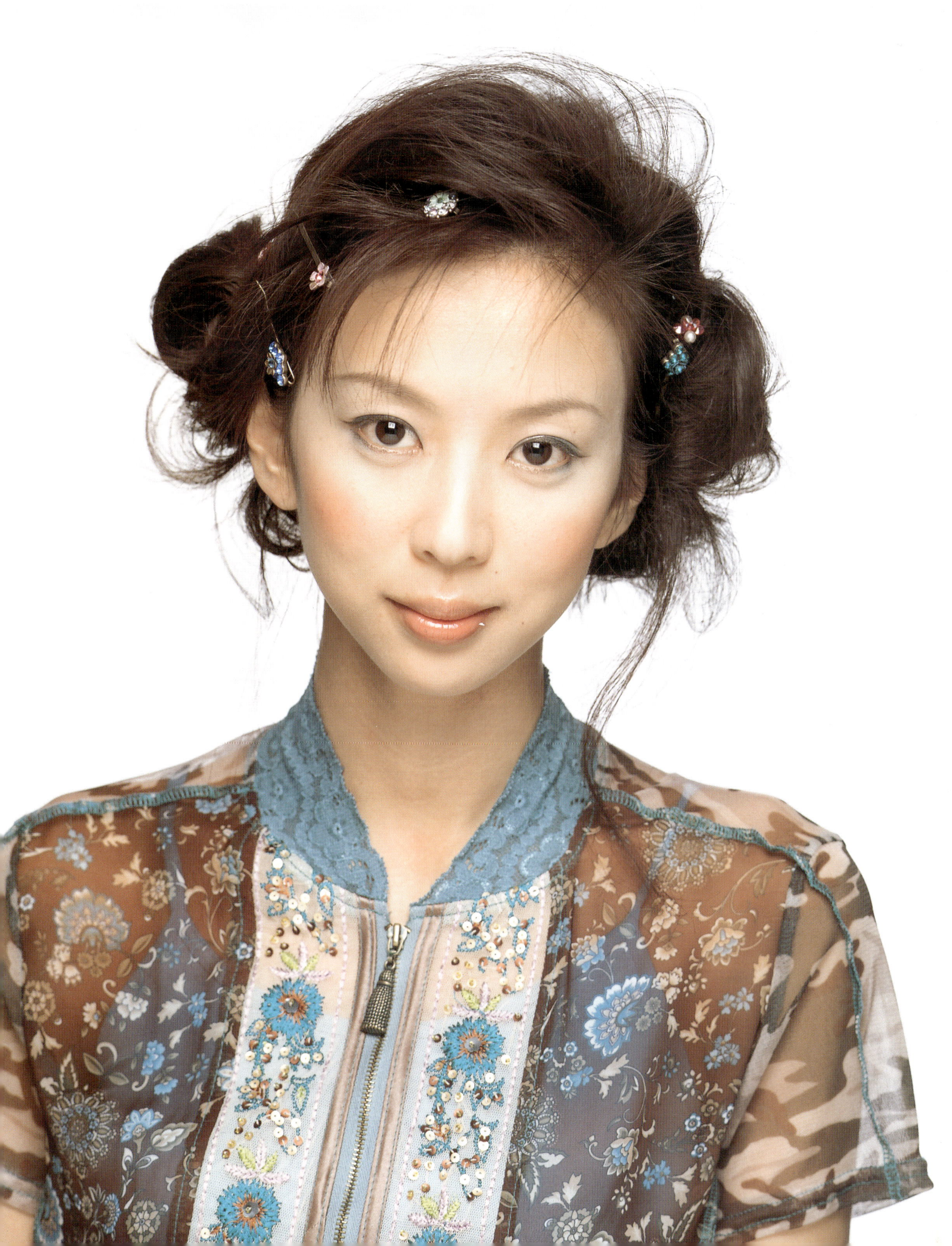

きれいに開き、きれいに閉じて、また広がる。
すべては中心の1点[要]に集中する

●
●
●

足の運びも毛束も、なにもかも
アップスタイルは全身の仕事。繊細な手の動きに応じて、大胆に適切にからだを移動させることで、
髪は自由にダイナミックに方向性を決め、動きを活発にします。
私はアップを結いながらとどまることがありません。
時には小刻みに、ときには大きな歩幅で動いています。そのときイメージするのが扇。
「要」を中心に開かれた扇のように、お客さまを中心に半円状に動き回るのです。
毛束を集めるときは要に集め、シニヨンやロールを広げるときは扇のように開いていきます。
あらゆる場面で、大きな扇や小さな扇をイメージしてそこに自分の動きを当てはめているのです。

S の動きと 重心移動

ゴルフや野球を練習する人が素振りを大切にするように、からだそのものに動きをおぼえこませることは、アップスタイルにとっても同じように重要で効果的です。ブラシワークもコームワークも、すべては「流れ」の仕事。流れが止まらないしなやかなしぐさと身のこなしは、頭で考えてうまくいくものではありません。しっかりしたスタンスで立ち、ひざの屈伸を利用してスムースに重心を移動させる。シャドウワークで身につけましょう。

アップは全身エクササイズ

高さのある土台 上級テクニック

角度をキープしながらさらに奥行きのある高さを作るための土台です。土台さえしっかりできれば、上からかぶせる表面の操作でデザインは大きく広げられます。さらに、ここにすき毛を加えて硬さや大きさを強調することもできます。

1 両端から親指を入れて3つに分け、2 高さをキープするため、高く引き上げて編みはじめます。3 必ず表が出るように、ていねいに表面の毛流れを揃えます。

ひじを高く引き上げて編み始める

9 左手で押さえて、右手で毛流れを揃え、10 からだごと左へ移動しながら、三つ編みの方向を左へ向けます。11 右手で編み目を押さえ、左手で毛流れを整えます。

P22　三つ編みの土台

ゴムで土台を補強

レイヤーや削ぎが多く入れてあると、三つ編みだけでは高い土台が安定しません。そういう場合にはゴムで結んで補強します。

1・2 一束に結んだ毛束を、高い角度で引き上げて、角度をキープしたまま2cm後ろをゴムで結びます。このとき、技術者からは根元のゴムは見えません。見えていたら、角度が下がっているということ。3 さらに2cm後ろを、もう1回結びます。

P18　ゴムの結び方　　はじめのゴムが見えてはいけない

4 左の毛束を右に寄せて重ね、5 表面の毛流れを揃えて、6 右手の親指で編み目を押さえ、7 左の毛束を引き上げながら、編み目を押さえる手をもちかえ、からだを左へ移動して、8 右の毛束をその上に交差させます。

からだごと左へ移動する

12 左手にもちかえ、13 右手で次の毛束を、からだごと移動しながら左へ寄せます。14 同じようにして毛先まで編み、15 ゴムで結びます。

P18　ゴムの結び方

16 左手で三つ編みの根元を持ち、右手で高く引き上げ、17 ゴムの結び目を中心に巻き、18 左手で支えて、19 高さをキープしながらさらに巻き、20 右手の届くところまで巻きつけて、21 右手にもちかえ、22 毛先まで巻きます。23 スモールピンで結び目にとめ 24 形と角度を調整します。

右手にもちかえて角度をキープ

4 髪の表面を整えながら、からだごと左へ移動して、毛先まで編みます。5 3本のゴムに毛先まで巻きつけて、6 スモールピンでとめます。7 硬く安定した土台になります。

編み方の基本は同じです

077

078

style 7
高さのある奥行き

高さのある土台を使って、奥行きのあるスタイルを作ります。土台の形がそのままシルエットになるので、表面になる毛束を重ねてみて、ボリュームをチェックして、すき毛を追加。あとは毛流れをきれいに作ればスタイルになります。

1 トップに取り分けておいた毛束を、高い土台にのせて、ボリュームを確認します。このままでは、土台の前にへこみができてしまうので、2 毛束を3つに分けて、前から順に、裏側に根元に強く逆毛を立てて、重ねていきます。3 へこみができそうな部分に、すき毛を足していきます。

P9　逆毛の立て方

4 土台に追加のすき毛をとめつけ、5 ブラシで毛束を引き上げ、6 土台の上を通ってなめらに左手で受けます。

すき毛の形がそのままシルエットになるので、へこみに追加

P76　高さのある土台

7 毛束を広げ、土台を包み込んで 8 逆側に仮どめします。9 次の毛束は少しずらして重ねます。10 毛束を広げて逆側に仮どめします。11・12 最後の毛束も表面を整え、少しずらして重ねます。13 逆側の様子。14 すべての毛先は、左手で示している場所にしまいこみます。

すべての毛先をひとつのポイントに集めてしまいこむ

079

style 7 高さのある奥行き

15・16 左手を添えながら、コームを寝かせて毛束のふちを整え、17 表面をダブルピンでキープしておき、18・19 逆サイドに移ります。同じように左手を添えながら、コームを寝かせて表面の毛流れを整えます。きれいに整うまで、何回か繰り返します。

コームの歯を寝かせて、表面の毛流れを整える

左手で引いて、右手にもちかえて土台の下に入れる

32 残りは、毛先からまるめて 33・34 土台と表面の毛束の間にある隙間にしまいこみます。35 すべての毛先がしまいこまれました。

すべての毛先をひとつのポイントに集めてしまいこむ

36 逆サイドの様子です。37 前髪を額にななめにそわせて、ひねり 38 飾りピンでとめ、39 その先をもう1回ひねってとめます。

080

20・21 コームの柄の先で、毛束のふちを整えながら土台に密着させ、22 ダブルピンでキープします。23 残りの毛束で土台を包み込んでいきます。

24 右手で土台を支えながら、左手で毛束を持ち、25 土台の下を通って引き上げ、26・27 ダブルピンで仮どめします。さらに引いて、28・29 毛束を右手に持ちかえて、土台の下に入れこみ、30 左手で押し入れて 31 ネジピンですき毛にとめます。

P15　ピンワークの基本

P102　index

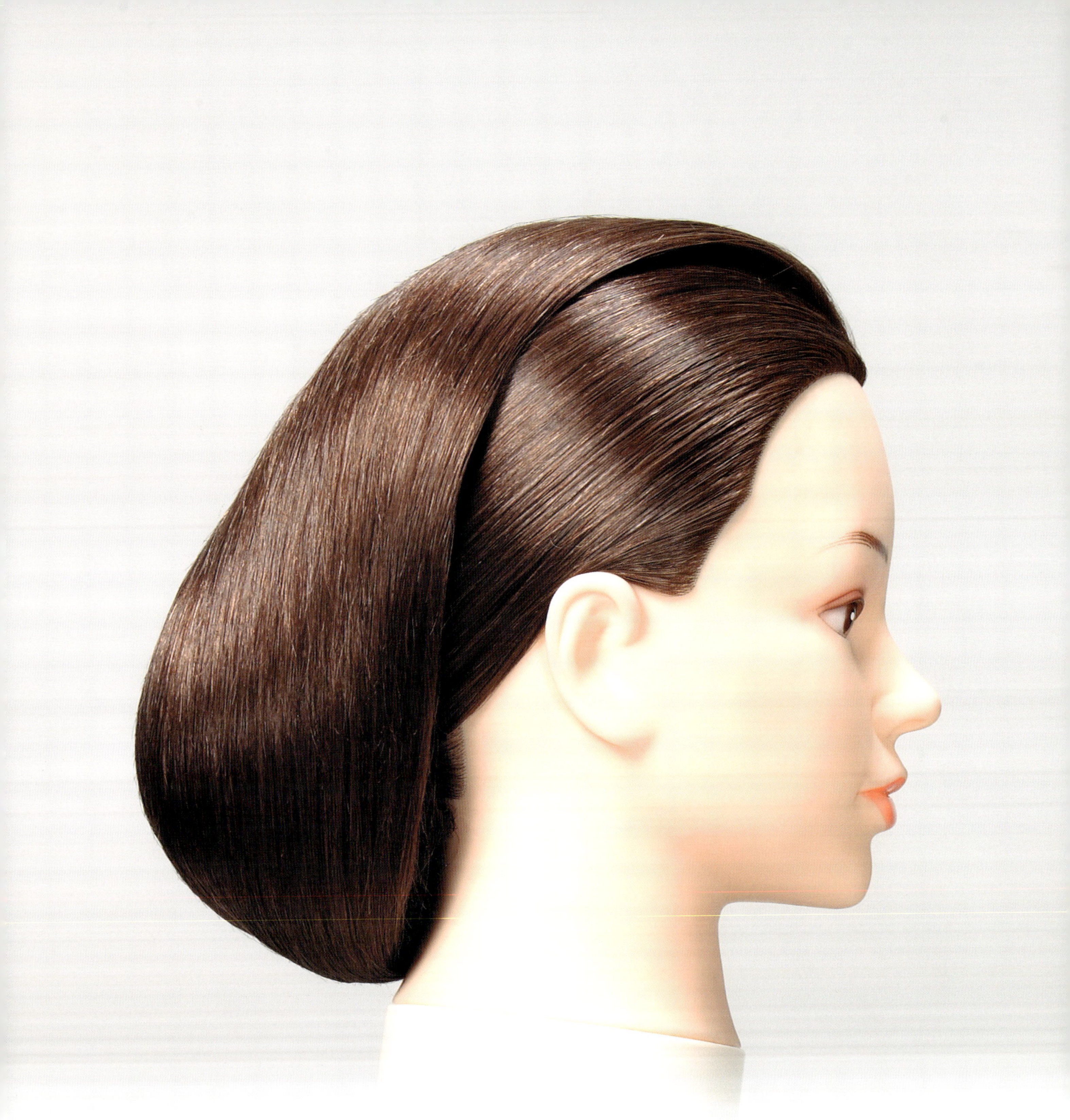

style 8
低めの奥行き

Style7のバリエーションです。テクニックもほとんど同じ。ボリュームの位置、毛先を集めるポイントを変化させることで、まったく印象の違うスタイルになることを見てもらいたいと思います。違うポイントもためしましょう。

1 右サイドの毛束をネープのポイントに集めて重ね、一緒に結びます。2 髪の目がすべて表になるように結ぶことが大切。この写真のような毛流れになっていなければやり直しましょう。3 左にからだを移動しながら、左への三つ編みをします。

→ P22　三つ編みの土台

4 三つ編みで結び目をくるりと囲んで、5 毛先を入れこんで、結び目にピンでとめます。6 すき毛をつけます。ここでは大きい物で練習したいので、大きく硬いすき毛にします。土台ができました。7 ななめスライスで毛束をとり裏側に軽くつなぎの逆毛を立て、すき毛をななめに包み込んで、土台の下でとめます。8 次の毛束は、右側に寄せてすき毛を包んで土台の下に回してとめます。9 最後の毛束で境界線を隠し、表面を整えます。

ネープのポイントに土台を作り、すべての毛先をここにしまいこむ

← P76　高さのある土台
ポイントの位置をネープに変えただけ

→ P16　骨格のポイント

ネープの土台にすべての毛先をしまいこむ

→ P102　index

style 9
ロールを
ひねって

タイトにまとめた土台の上にやわらかく広がるシルエットは、アップの醍醐味。フォーマルにもカジュアルにも、和にも洋にも対応できます。ゆるみのない締まった部分に対して、開放的に広がるトップのコントラストが見せ場です。

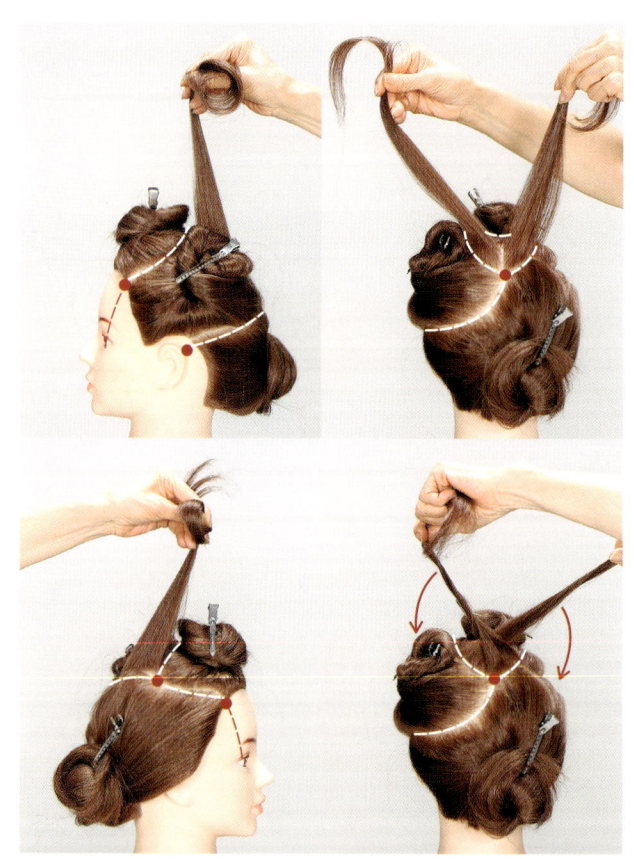

ブロッキング
目の幅3分の2のポイント、耳のポイント、頭のポイント、ゴールデンポイントを目安に、全体を3つのブロックに分けて、できるだけ高い位置に集めます。
境界に取り分けた小さな毛束を別のブロックに振り分けることがポイント

➡ P16　骨格のポイント

084

1 右上のポイントに集めるので、右側に立ちます。前髪のブロッキングをはずし、ブラシをふちから入れていき、2 毛束にしっかりかませて、フロント右上のポイントの真上に引き上げ、毛先まで抜きます。3 逆側からも同じようにふちからブラシを入れ、4 全体をしっかり毛束にかませてポイントの真上に引き上げ、左手で根元からつかみ、ブラシを引き抜きます。

結ぶポイントの側に立ってブラシを入れていく

⬅ P16　骨格のポイント

上の1〜4のブラッシングをもう一度繰り返します。ここからは裏側から見ていきます。5 ブラシはふちから入り、6 ブラシ全体でしっかり毛束をとらえて引き上げています。7 逆側からも、始めはふちから入れたブラシで、8 毛束をしっかりとらえてポイントの真上に引き上げて、根元から左手でつかみます。

⬅ P7　ブラシワークの基本

9 左手の小指に力を入れて地肌に密着させ、そのままブラシは毛先まで抜き、10 ゴムで結びます。11 あらかじめ取り分けておいた頭のポイントの毛束を上下に交差させます。12 交差して上から下に下ろした毛束をダブルピンで仮どめしておき、下から上へ上げた毛束は、左サイドのブロックと一緒にしていきます。

⬅ P18　ゴムの結び方　　⬅ P84　ブロッキング

13 左サイドのブロックを下からしっかりブラシをかませて引き上げ、14 先に結んだポイントにできるだけ近い位置でしっかり左手でつかみます。左手小指を地肌に密着させる気持ちで。15 そのまま左手で毛束をキープして、取り分けておいた毛束を引き上げ、16 一緒にします。

結ぶポイントの位置が変わったので、からだを移動する

085

style 9 ロールをひねって

⬅ P18 ゴムの結び方

⬅ P13 シニヨンの基本 　　　　　　　　⬅ P11 すき毛の作り方

ロールを動かして、バランスのいい位置を決め、根元にとめる

21 17・18ゴムでしっかり結びます。19・20下で仮どめしておいた毛束と、右側のブロックを一緒にして結び、それぞれの毛束を内側に巻き込んでピンでとめます。これで高い位置の3つのポイントにすべての毛束が集まりました。21上から見てみましょう。あらかじめ取り分けて上下に交差させた毛束を、別々のポイントに振り分けたため、ゆるみにくい構造になっています。

27 22・23まるめた毛束の左右の端を指でつまんで広げてみましょう。髪の毛の表の目だけが出ていれば扇のようにきれいに広がります。24毛束の内側に逆毛を立て、25筒状のすき毛を芯にして26表面を広げながら毛先から巻き込み、27根元までまるめたら、バランスを見ながら動かし、

33 28位置を決めて、すき毛の端をすくってとめつけます。大きめのロールです。29・30次の毛束は2つに分けて、同じように表面を広げながら、すき毛を毛先から巻き込んで、根元にとめます。31・32・33後ろの毛束も同じようにして、すべてのロールができました。

39 34ロールの両端を指先でつまんで広げます。35薄く、広げられるだけ広げて、36・37表面からところどころ細かく引き出します。この段階では、軽く大きく広げるだけです。38すべてのロールを同じように広げます。39広げてから、全体のバランスを見ながら、タイトにつめたほうがいいところを探し出してピンでとめて、メリハリをつけていきます。

→ P102 index

087

style 10
シニヨンを広げる

フォルムのしっかりした、面の整った夜会の土台には、安心してやわらかい質感を組み合わせることができます。広げたときにきれいに散らすことができるように、逆毛で空気をたっぷりふくませて、やわらかいシニヨンを作ることです。

1

6

→ P7　ブラシワークの基本

→ P40　夜会にタイトなサイド

根元（三角のところ）に強い立ち上がりを出すためのブロッキング

11

→ P8　コームワークの基本

16

1 前髪を4つに分け、表から逆毛を立ててふわっと後ろに重ねておきます。2 表面に出るフェースラインの毛束だけは、裏から逆毛を立てます。3 逆毛がしっかり立ち、空間ができています。4 逆毛を立てた前髪をつぶさないように注意しながら、サイドにブラシを入れ、5 毛束をポイントにむかって引きます。

P9　逆毛の立て方

ブラシの頭を、もみあげに密着させて入れ始める

6 ブラシは、毛先の先までしっかり抜きます。7 右手人差し指と中指で毛束をしっかりはさみ、8 サイド表面を左手で押さえ、9 右手首を返して、毛束をひねります。10 さらにひねりながら、左手を寄せてしっかり押さえ、仮どめします。

右手首を返して毛束をひねる

11・12 左手を添えながら、コームで毛流れを整えます。13 ダブルピンで表面をキープして、毛束を人差し指と中指ではさんでさらに後ろに引き、14 手首を返して毛束をひねり、15 夜会の土台にピンでとめます。

右手首を返して毛束をひねる

16 左サイドの毛束が土台にとめられた状態です。17 とめた先の残りの毛束を毛先からまるめて、18 夜会の上に 19・20 ピンでとめます。

毛先はすべて、夜会の土台の上に集めてしまいこむ

089

style 10　シニヨンを広げる

21　22　23　24　25
ブラシの下の角を、もみあげに密着させて入れ始める

→ P15　ピンワークの基本

27　28　29　30　31
裏側の逆毛のやわらかさをキープしながら表面だけ整える。ブラシの歯は、浅く浅く

33　34　35　36　37

→ P13　シニヨンの基本

すんなりと軽く広がりましたか？
うまくいかなかったとしたら、30〜32番
に問題がありそう。表面の毛流れはし
っかり整っていますか？
33〜34番への移行のとき、手首の返
しでひねっていますか？

→ P13　シニヨンの基本

090

21 右サイドに移ります。ブラシは下から入り、22 毛束をかませてしっかり引き上げます。23 左手で毛束を持ち、右手で表面を押さえ、毛束をひねって 24 夜会の土台の上にピンでとめます。25・26 ピンの先の残りの毛束は、毛先からまるめて土台の上にとめます。

27 あらかじめ逆毛を立てておいた前髪の表面に、中間からブラシのふちを当て、28 ブラシの面を使って正面にまっすぐ引き出します。29 空間を確保しながら左手で受けます。30 左手で毛束を支えて、ブラシは毛先まで抜きます。31・32 毛束をふわっと左手のひらにのせて、裏側の逆毛に影響しないように、表面だけをブラシで整えます。

33 毛先でまとめて人差し指と中指ではさみ、親指を添えて高さを調節し、34 手首を返して、毛先を入れ込みながら土台にのせ、35 左手に持ちかえてピンでとめます。36 両端から左右の親指を差し入れてひっぱり、37・38 表面を広げます。39 縦に毛束を引き出し、40 バランスよく散らして仕上げます。

P102 index

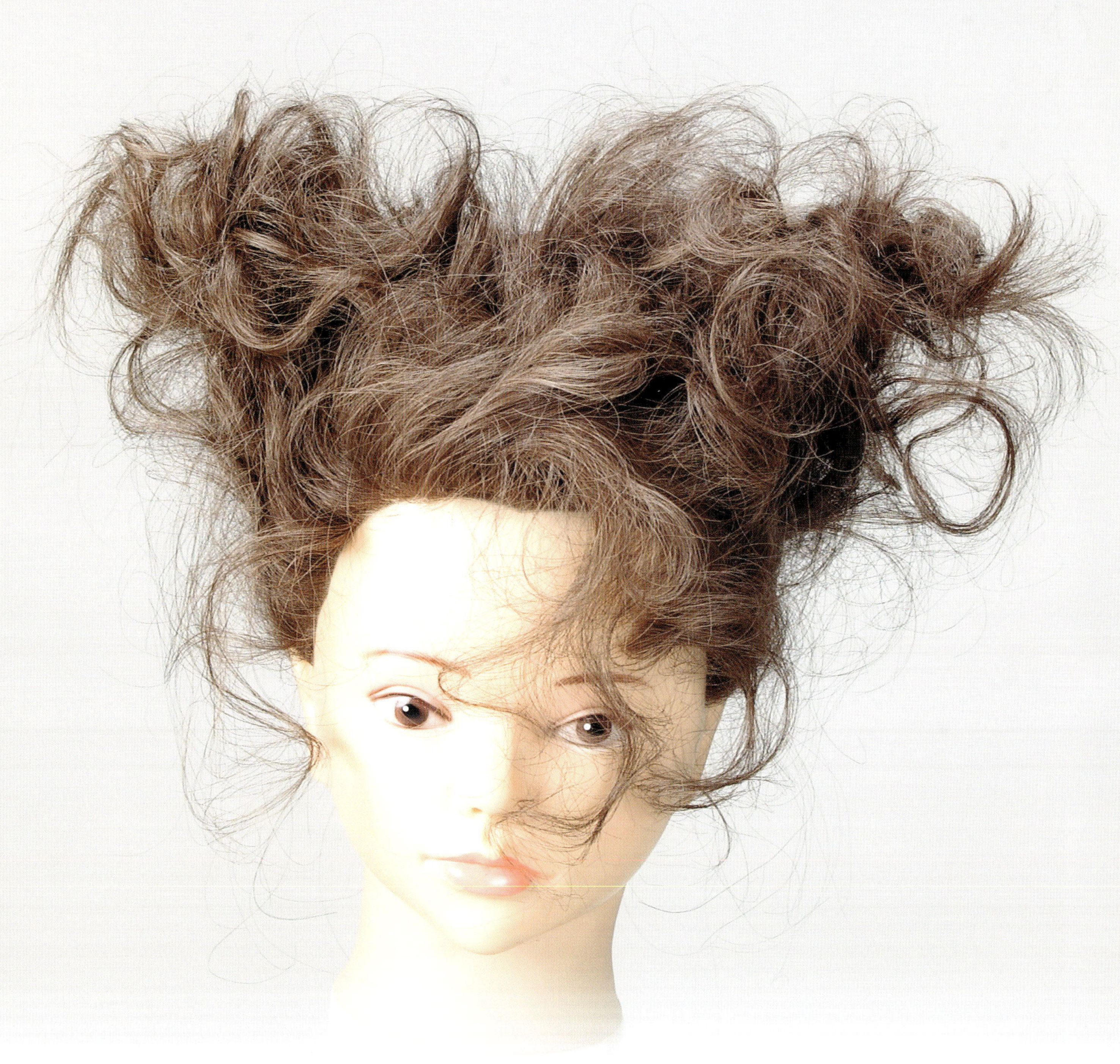

style 11

ひねって ひきだす

無造作に散らしたように見えるラフな質感ですが、決め手はやはり土台。しっかり安定した高い角度を作り、すべての毛先を2つのポイントに集めます。大きさ、高さ、位置を変えることで、バリエーションは大きく広がります。

1・2・3 頭の左右のポイントに、それぞれ芯になる毛束をゴムで結びます。右側は根元から2か所、左側は3か所ゴムで結びます。高い角度でしっかり立つくらいに結べていないと、安定した土台にはなりません。

ねじった毛先を巻きつけて、すき毛の土台を作る

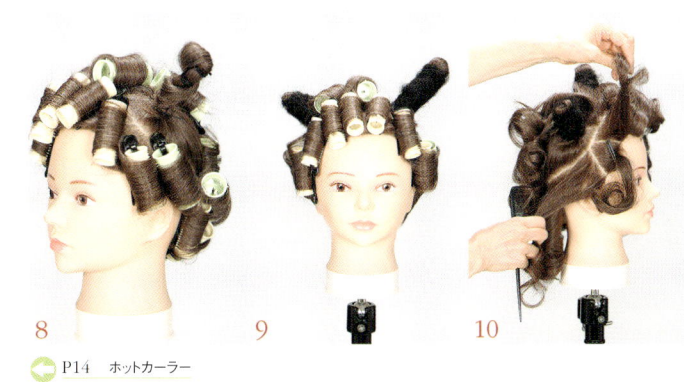

4・5 結んだところ以外にホットカーラーを巻きます。すべて毛先巻きです。6・7・8 芯になる毛束を毛先までねじり、ゴムの上から巻きつけます。9 左右とも同じように芯を作り、それぞれにすき毛を巻きつけます。これで角度がさらにしっかりキープされます。10 右サイドを写真のように3つに分けておきます。ポイントにむかってななめのスライスです。

→ P14　ホットカーラー

11 土台の左側の毛束に軽く逆毛を立て、12 ねじって細く引き出し 13 土台に巻きつけ、すき毛にピンでとめます。

→ P9　逆毛の立て方

093

style 11 ひねってひきだす

14 土台の下の毛束にも内側に軽く逆毛を立て、ねじって引き出し、15 土台に巻きつけて、すき毛にピンでとめます。毛先はまるめてカールにします。16 あらかじめななめスライスで取り分けておいたフェースラインの毛束にも、同じように逆毛を立ててねじって引き出し、17 土台のすき毛を隠すように、下から巻きつけてピンでとめます。

← P15　ピンワークの基本

すべての毛先を高い土台に集めます

18 ななめスライスで分けた次の毛束も同じように逆毛を立て、ねじって引き出し、下から土台に巻きつけてピンでとめます。19・20 下の毛束も同じですが、この毛束だけ上から巻きつけます。21 表面から毛を引き出したり、抑えたりしてバランスを整えます。

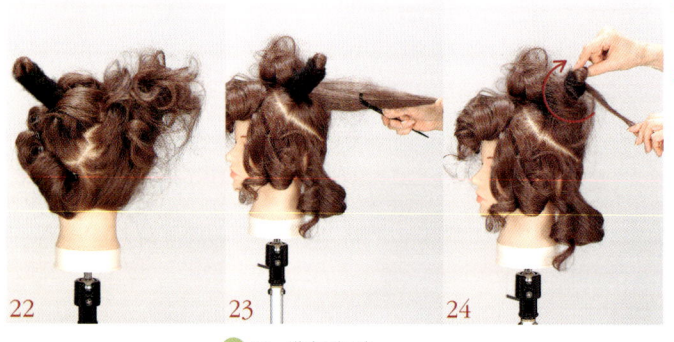

上の毛束を下から巻きつけ、下の毛束を上から巻きつける

22 右サイドができました。23 左サイドの土台の右側の毛束の内側に軽く逆毛を立て、24 ねじって引き出し、土台に巻きつけ、すき毛にピンでとめます。

← P9　逆毛の立て方

25 フェースラインの毛束も、26・27 トップの毛束も同じように逆毛を立て、ねじって引き出し、土台に巻きつけてとめ、毛先をバランスよく散らします。

094

28・29 すべての毛束を同じように土台に巻きつけてから、後ろの表面に出る毛束を広げたり、ピンでとめたりしてメリハリをつけます。30 前髪の内側に逆毛を立て、

表面のバランスを見て、メリハリをつけていく

31 薄く広げて 32 毛先にも逆毛を立てて散らします。33 全体のバランスを見て、ところどころピンでボリュームを抑えて、スタイルのメリハリをつけます。

P102　index

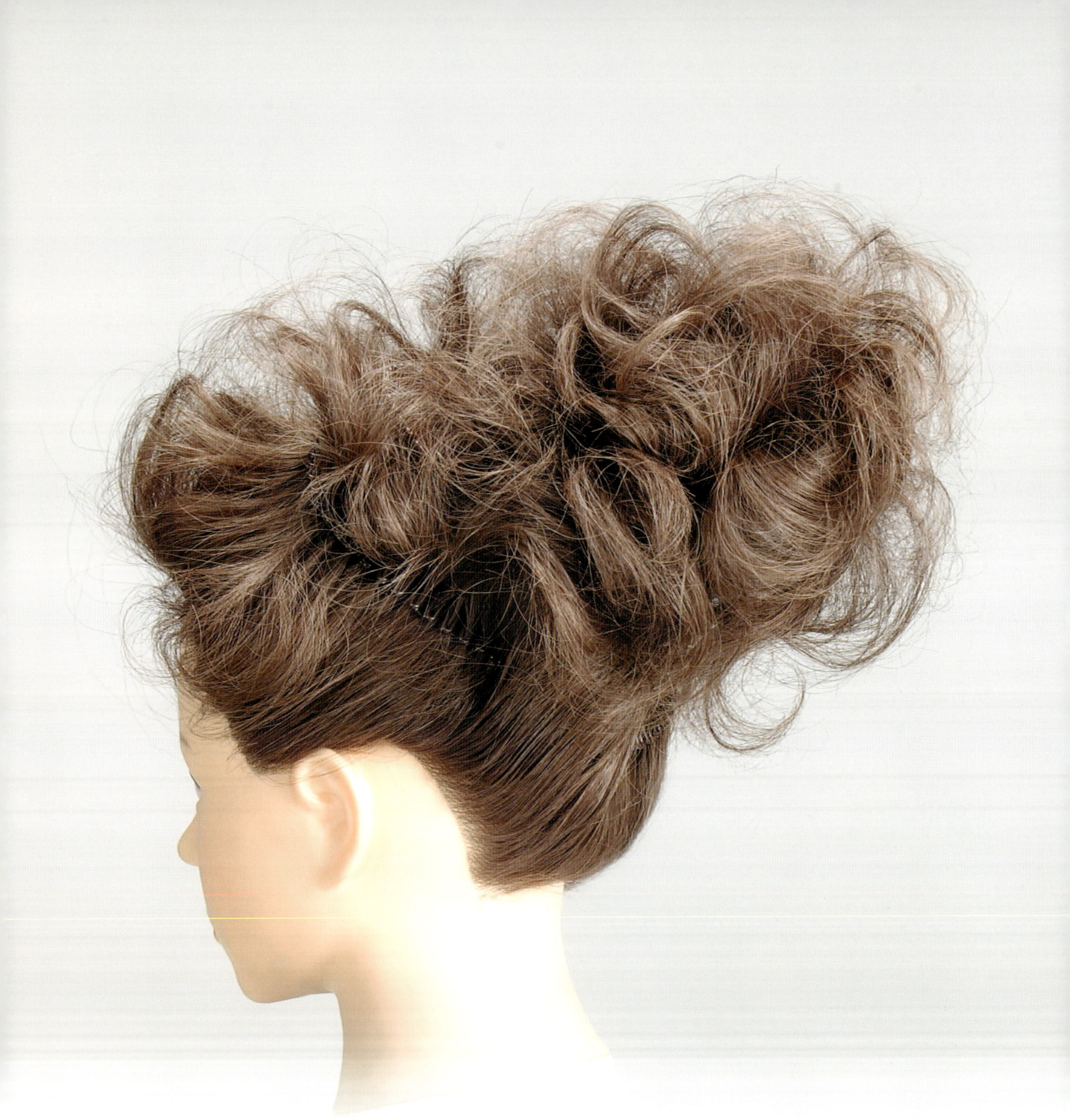

style 12
上昇する ウエーブ

Style11のバリエーションです。ポイントに位置を変えることで印象が変わります。高い角度の土台を作るための、ゴムの結び方をしっかりおぼえましょう。高い土台ができれば、低い位置に作ることがたやすく感じられるはずです。

耳のポイントと頭のポイントを結ぶ線でブロッキング
▶ P16　骨格のポイント

1 クラウン部分を高い位置にゴムで結び、土台を作ります。ここで上昇する角度をイメージします。2 高さを強調するため、約2cmおきに3か所をゴムで結びます。根元に近い方から、角度をキープしながら固く結んでいきます。ここで、写真のように毛束が立っていなければ、やり直しましょう。3 すき毛を巻きつけます。このときも、毛束の角度はしっかり上昇させて。

▶ P18　ゴムの結び方

4・5 下の毛束の内側に、軽く逆毛を立てます。すき毛とのつなぎをよくする逆毛です。6 表面をブラッシングしてから、下の毛束をまとめて、土台の角度まで引き上げます。一緒にするとき、土台のほうを下げないように注意しましょう。

高い土台にむかって引き上げていく

7 すき毛の位置でしっかりつかみます。この段階で上昇する角度を確認しましょう。8 角度が上っていることを確認したらすき毛の端を隠す位置に、ゴムで結びます。

▶ P18　ゴムの結び方

9 前髪とサイド全体の、根元から毛先までしっかり逆毛を立て、前に重ねていきます。10 これぐらいのボリュームが必要です。11・12 ブラシで逆毛の毛束を1枚ずつ引き上げます。

▶ P9　逆毛の立て方

毛束をブラシで引き上げて重ねていく

style 12 上昇するウエーブ

13 重ねた毛束全体をまとめて表面の毛流れを整え、下からブラシを入れて土台の上にまっすぐ引き、14 左手でつかみ、土台の毛先を小指にはさんで、15 角度をずらさないようにひとつにまとめます。小指に力を入れて、16 小指の位置にゴムで結びます。

すべての毛先を土台のすき毛に集めて結ぶ

スプリングコームをしっかりくいこませて、ピンでとめる

17・18・19 スプリングコーム回して取りつけます。しっかりくいこませて、ピンでとめておきます。20・21 後ろにもう1本つけます。細い部分なので1周半回します。22・23 スプリングコームの間から表面の毛束を細く引き出していきます。24 正面は少なめに、後ろに行くほど、大きく引き出します。25 全体から引き出しました。ウエーブのようなタッチが出ています。

フェースラインは少なめに、バックにいくほど大胆に引き出す

26 土台の毛先に逆毛を立て、27・28 右手で毛先を引いて、左手で持った毛束を左手首を返してひねります。

098

29・30 ひねった毛束の上からも下からも、細く引き出します。同じように毛先全体をひねって引き出し、31・32 バランスよく散らして、ピンでとめます。

29 30 31 32

逆毛+ねじり+引き出し。すべての毛束に同じように

33・34 一番先端の毛先は形よくまるめてカールを作り、ネジピンで差し込みます。35 全体のバランスを点検してところどころネジピンを差してボリュームを調節します。

33 34 35

style 13
広がるウエーブ

Style12のバリエーションです。ここでは左右の大きさも高さも変えて、アシンメトリに作りますが、小さく作ったりシンメトリに作ったり、アレンジは自由自在に。ゴムの結び方とすき毛の作り方をしっかり覚えて、安定した土台さえ作れば、あとは簡単です。

1

7　8

13　14

→ P9　逆毛の立て方

18

100

1 バックはジグザグのパートでななめに分けます。2・3 右サイドのポイントを作ります。耳のポイントの延長と、目尻の延長の交差する点がポイントとなるようにスライスを取り、ゴムで結びます。根元から約3cmのところにもゴムを結んで高さを出します。毛束を2つに分けて左手で一方をねじり、4 もう一方の右手の毛束に巻きつけ、5・6 ピンでとめます。

P16　骨格のポイント

P93　ねじった毛束を巻きつけて、すき毛の土台を作る

7 根元に薄いすき毛を巻きつけ、8 回りの毛束の内側に軽くつなぎの逆毛を立てます。9 右サイドの毛束をよくブラッシングしてポイントに集め、10 ゴムで結びます。11 左サイドも高い位置にポイントを作り、約2cmおきに3か所ゴムを結び、高さの芯にして、12 こちら側には厚めのすき毛を巻きつけ、角度を安定させます。

P18　ゴムの結び方

P11　すき毛の作り方

13 アクセントに前髪を細く取り分け、14 回りの毛束の内側に、軽くつなぎの逆毛を立てます。15 ポイントに集めてゴムで結びます。16・17 それぞれにスプリングコームを巻きつけます。

P98　スプリングコーム

18 スプリングコームの間から、細く毛を引き出し、19 毛先には逆毛を立てて、20 広げて質感を揃え、全体のボリューム感を調節します。21 取り分けておいた前髪のアクセントを下ろします。

P9　逆毛の立て方

101

index

一度でできてしまうようなスタイルでは、プロのベーシックとは呼べません。目標はより大きく、より高く。高いものができれば低いものはたやすく感じるからです。ここで学んだ要素をサロンワークで展開するための、テクニックのつながりをおさらいしましょう。

style 1　*p32*

style 2　*p38*

ネープにねじりこむテクニックを、カジュアルに使えばこんな感じ。

シャープな角度と面のきれいさが決め手です。

style 7　*p78*

ロールの角度、大きさ、ひねりでアレンジを。

style 9　*p84*

style 10　*p88*

着付け／本田昌代（昌山坊）
メークアップ／円谷真理子（M.TANIGUCHI）

102

style 3   p44

style 4   p50

style 5   p54

style 6   p58

小さな面をいくつか作って、散らしただけで。

ゆるめても高いフォルムのイメージは残ります。

style 8   p82

大きく作ったり小さく作ったりの印象変化

ねじってひきだして土台に巻きつける。

style 11   p92

style 12   p96

style 13   p100

初心者のための入門の本だから、やさしいことばかり書いてあると思っていた方には、むずかしそうに感じられるかも知れません。でも、大丈夫。見るだけではわからないことが、やってみたらわかります。試してみたら気がつき、くり返せば必ず身につきます。若い日の「ひたすらがんばった時間」の私にもどって作りました。だから、この本で学んでいるあなたは私のライバル。私もまた今日から、原点に立ち返って新しい一歩を踏み出します。

Art director / Eiji Shimoi (hotart)
illustration / Ikuko Otaka
Printing director / Nobuyuki Hiuchi (toppan)
Photographer / Tadao Ikeda (shinbiyo)
Editor / Kyoko Yoshioka (shinbiyo)

谷口愛子
1960年代に精力的な創作活動を開始。サロンワークを軸に、テレビ、映画、コマーシャルなどにフィールドを広げ続けている。セミナー多数。著書に[美しいアップ63](96年新美容出版刊)がある。

BASIC UP　やさしいアップの手ほどき
定価／3,990円（本体3,800円）　検印省略
2005年9月9日　　第1刷発行
2008年4月1日　　第3刷発行

著者	谷口愛子
発行者	長尾明美
発行所	新美容出版株式会社　〒106-0031　港区西麻布1-11-12
編集部	tel 03-5770-7021
販売部	tel 03-5770-1201
	www.shinbiyo.com

振替　　00170-1-50321
印刷・製本　凸版印刷株式会社
©Aiko Taniguchi & shinbiyo shuppan　　　printed in japan